普通高等教育"十一五"国家级规划教材配套教材（高职高专教育）

PUTONG
GAODENG JIAOYU
SHIYIWU
GUOJIAJI GUIHUA JIAOCAI
PEITAO JIAOCAI

建筑制图习题集

主编　焦鹏寿
编写　董　南　王　鹏　李　莹　李学强　涂永忠
主审　张培中　周学军

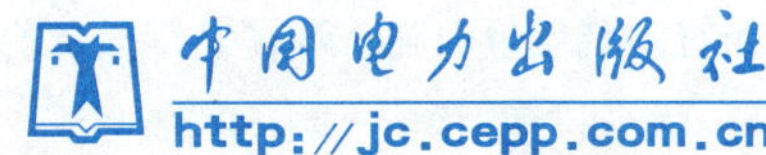

内 容 提 要

本书是普通高等教育“十一五”国家级规划教材（高职高专教育）《建筑制图》的配套习题集。书中选编了制图基础知识（包括字体练习、比例尺的应用、尺寸标注、线型练习、几何作图），投影作图（包括点的投影、直线的投影、平面的投影、投影变换、阴影与透视、体的截断与相贯、体表面展开）等两部分的练习题。有关专业制图的作业，读者可参照与本习题集配套的《建筑制图》教材附录中的施工图。

本书可作为高职高专院校土建类专业制图课教材的辅导用书，也可供相关工程技术人员参考练习。

图书在版编目（CIP）数据

建筑制图习题集/焦鹏寿主编. —北京：中国电力出版社，2009.1（2015.8 重印）

普通高等教育“十一五”国家级规划教材配套教材. 高职高专教育

ISBN 978-7-5083-8138-1

Ⅰ. 建… Ⅱ. 焦… Ⅲ. 建筑制图-高等学校：技术学校-习题 Ⅳ. TU204-44

中国版本图书馆 CIP 数据核字（2008）第 188116 号

普通高等教育“十一五”国家级规划教材配套教材（高职高专教育） 建筑制图习题集

中国电力出版社出版、发行 汇鑫印务有限公司印刷 各地新华书店经售

（北京市东城区北京站西街 19 号 100005 http://jc.cepp.com.cn）

2009 年 1 月第一版 2015 年 8 月北京第四次印刷

787 毫米×1092 毫米 横 16 开本 7 印张 170 千字 定价 11.00 元

前　言

本习题集与普通高等教育“十一五”国家级规划教材（高职高专教育）《建筑制图》（焦鹏寿主编）配套使用。

本习题集是按照国家2002年3月颁发的建筑制图标准的相关要求编制的。内容由浅入深，同时兼顾教学、自学和复习多方面需要。不同专业根据需要，可对其中的部分习题（如投影变换、阴影与透视、体的截断与相贯、体表面展开等）作适当选择和补充。

由于编者水平有限，不足之处，恳请读者提出指正和改进意见。

编者

二○○八年九月

目 录

前言
字体练习 …… 1
比例尺的应用 …… 4
尺寸标注 …… 5
线型练习 …… 6
几何作图 …… 7
点的投影 …… 9
直线的投影 …… 13
平面的投影 …… 19
投影变换——换面法 …… 25
投影变换——旋转法 …… 28
平面体的投影 …… 32
平面体的截断与相贯 …… 42
平面体的投影——同坡屋面 …… 48
曲面体的投影 …… 49
体的相贯线 …… 57
建筑常用视图类型 …… 63
轴测投影 …… 73
透视图——点、直线的透视 …… 80
透视图——平面的透视 …… 83
透视图——建筑形体的透视 …… 84
透视图——圆的透视 …… 86
透视图——建筑细部的透视 …… 88
建筑阴影——点、直线的落影 …… 91
建筑阴影——平面的落影 …… 93
建筑阴影——反回光线法、单面图中作阴影 …… 94
建筑阴影——平面立体的阴影 …… 95
建筑阴影——曲面立体的阴影 …… 97
建筑阴影——建筑细部阴影 …… 98
建筑阴影——轴测图中加阴影 …… 106

字体练习

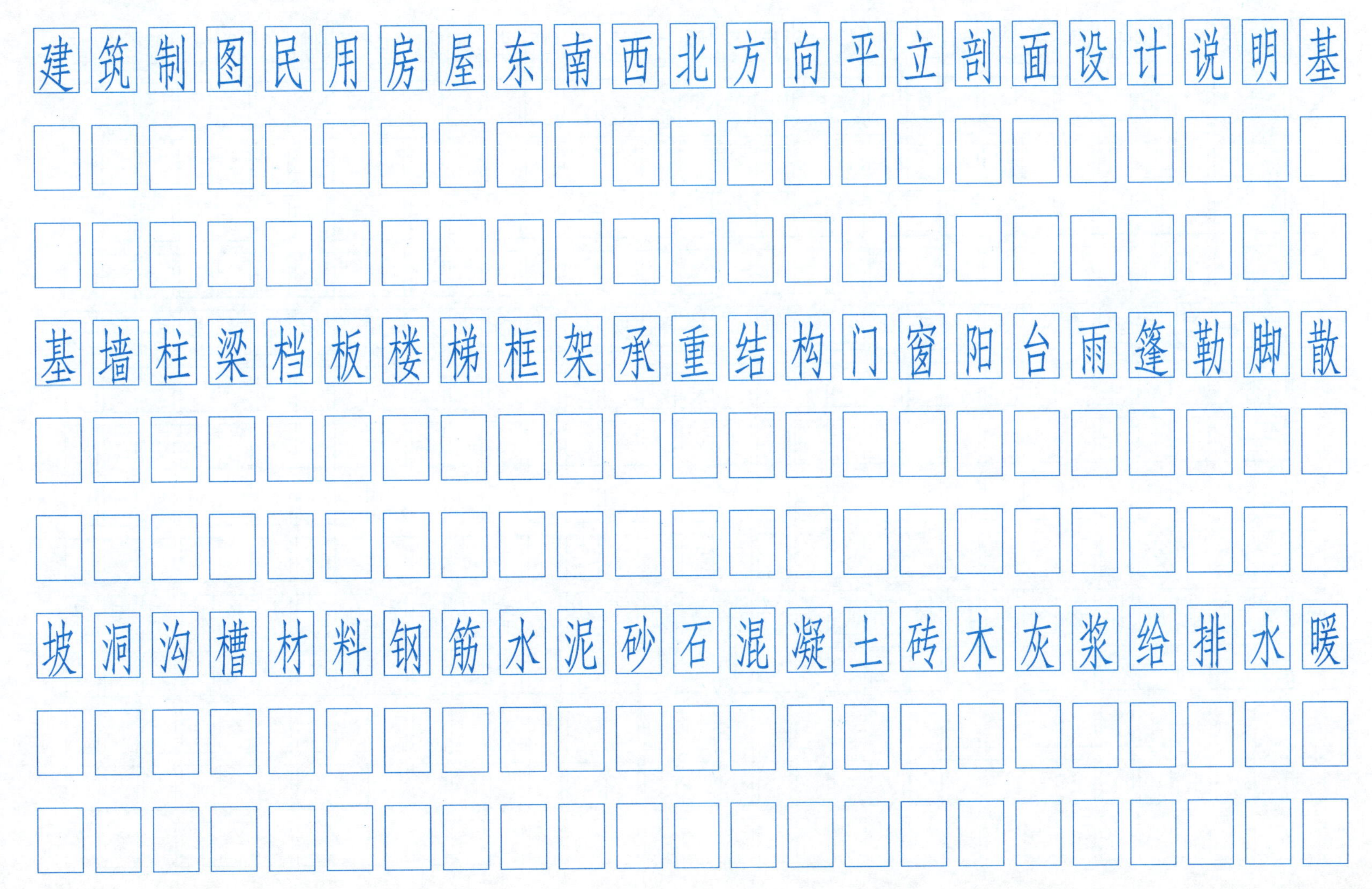

建筑制图民用房屋东南西北方向平立剖面设计说明基
基墙柱梁档板楼梯框架承重结构门窗阳台雨篷勒脚散
坡洞沟槽材料钢筋水泥砂石混凝土砖木灰浆给排水暖

建筑屋面油毡防水层绿豆砂保护找平隔热挂瓦顺水椽检查顶棚吊顶搁栅天窗

水口斗管沟盖檐泛水坡度线圈梁隔断墙预埋件砖砌平拱过梁伸缩缝变勒脚形

石楼地消防梯安全板门框百页亮子铁棚铰链钩玻璃马赛克刨花木丝板闸阀温

ABCDEFGHIJKLMNOPQRSTUVWXYZ

abcdefghijklmnopqrstuvwxyz

1234567890

比例尺的应用

一、用下列各比例画出长度为 1000mm 的直线：

1. 1:100 ____________
2. 1:50 ________________
3. 1:30 ____________________
4. 1:20 ___________________________
5. 1:15 ___________________________________

二、用下列比例量直线 *AB*，其长度各为多少？

A ____ *B*

1:1 =　　　　　　　　1:50 =

1:5 =　　　　　　　　1:300 =

1:10 =　　　　　　　1:500 =

1:20 =　　　　　　　1:1500 =

三、按比例标注下面两个构件的尺寸：

1:10

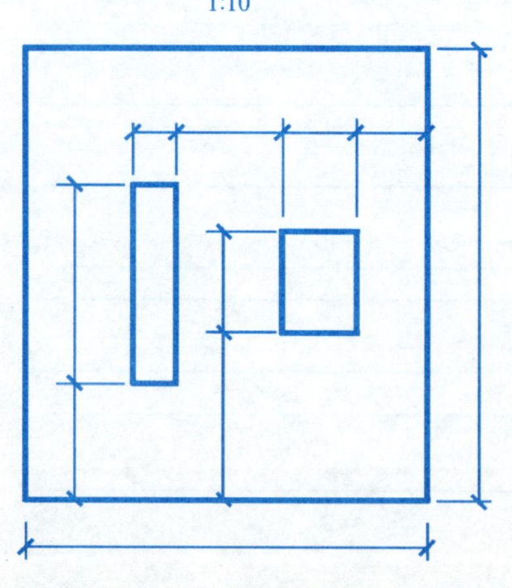

1:30

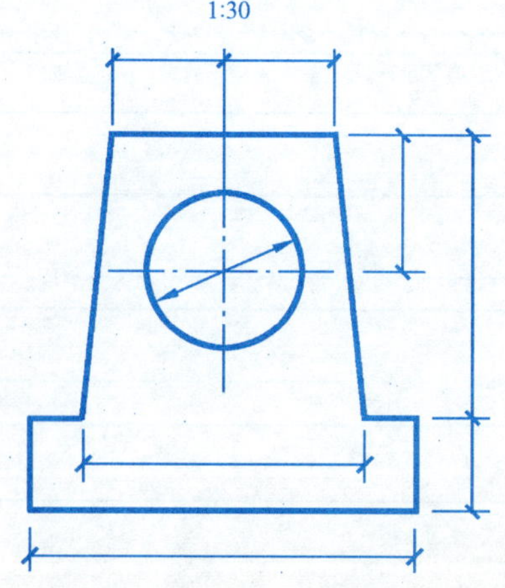

四、用 1:15 的比例作一直径为 650mm 的圆。

五、照下图所示尺寸，按 1:200 的比例画图，并标注尺寸。

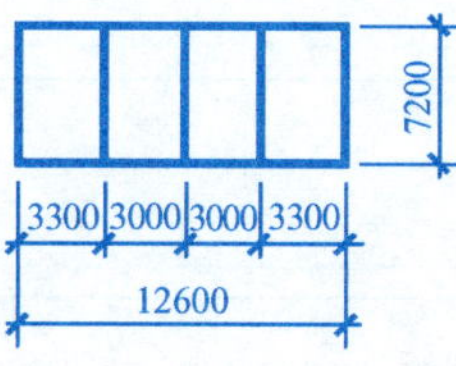

尺寸标注

给下列图形标注尺寸（尺寸在图中量取）。

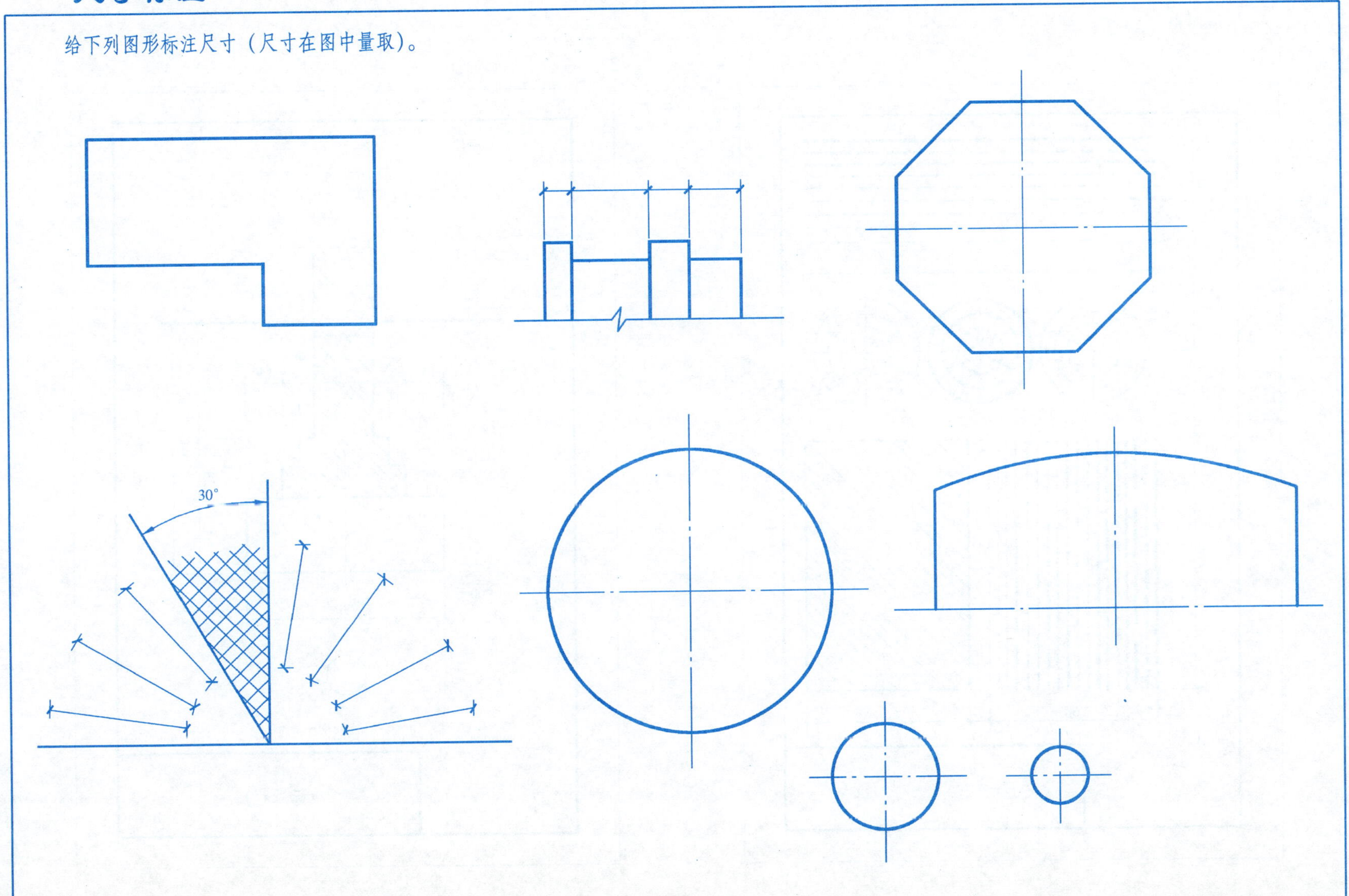

抄画下列图形（A3 图幅）

1.

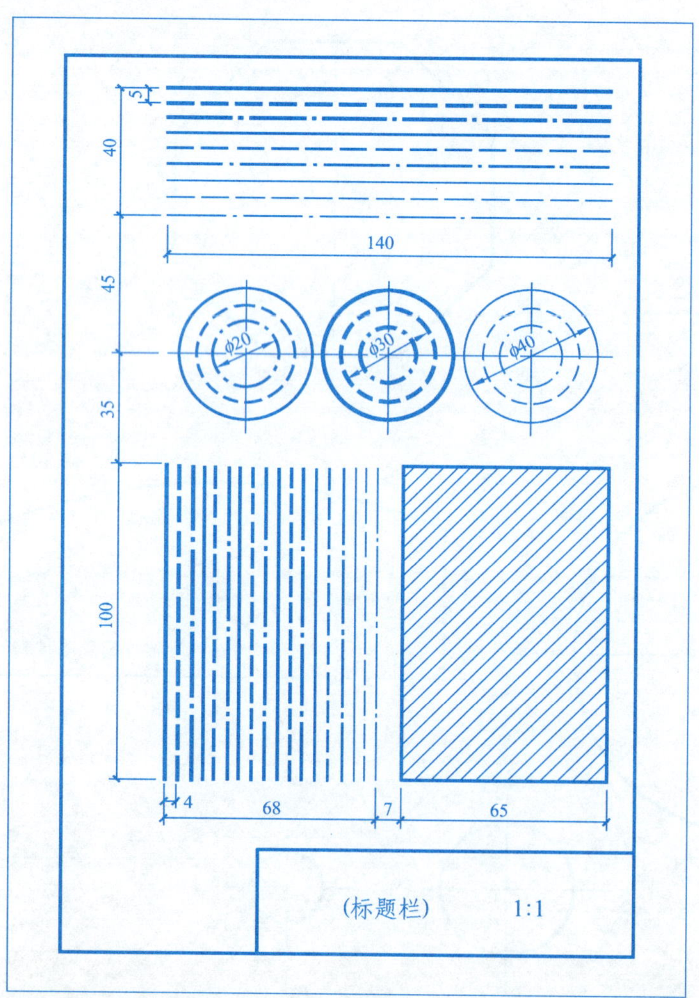

2.

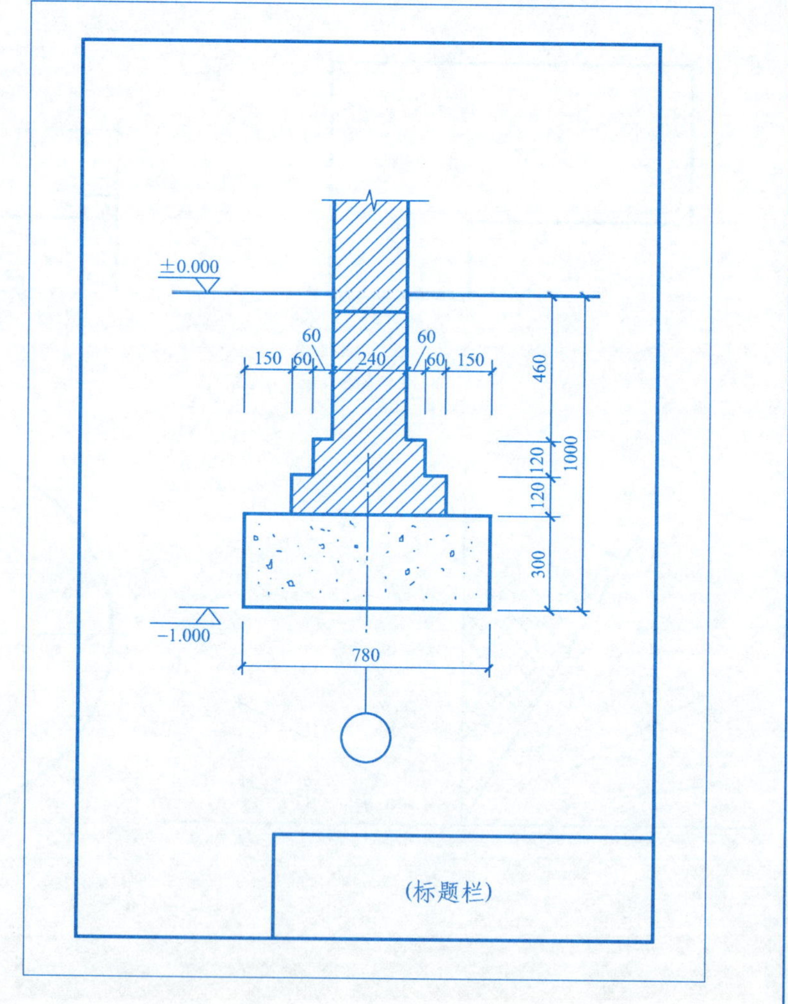

1. 已知线段 AB，试将其五等分。

A B

2. 已知边长 a，作正五边形。

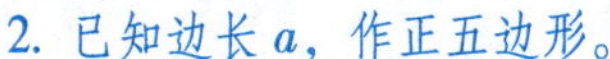

3. 作圆的内接正六边形。

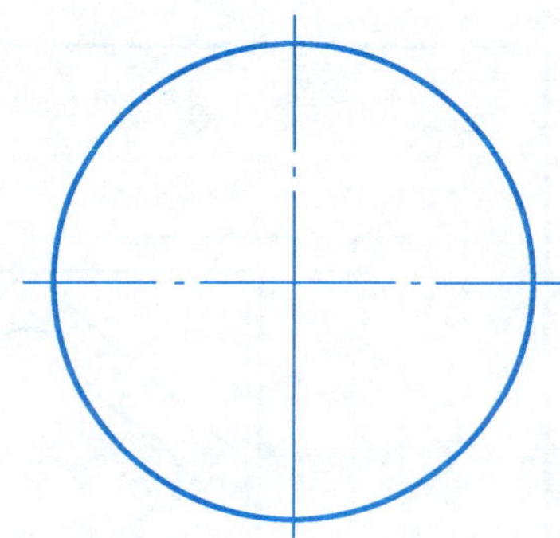

4. 作圆的内接正七边形。

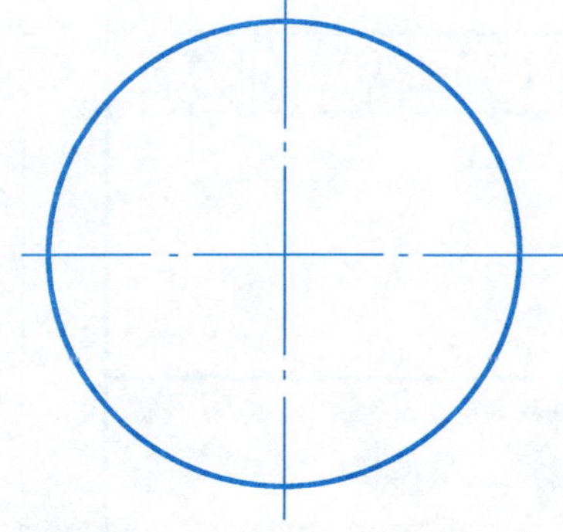

5. 已知长轴 $AB=50$mm，短轴 $CD=30$mm，用同心圆法和四心圆弧近似法作椭圆。

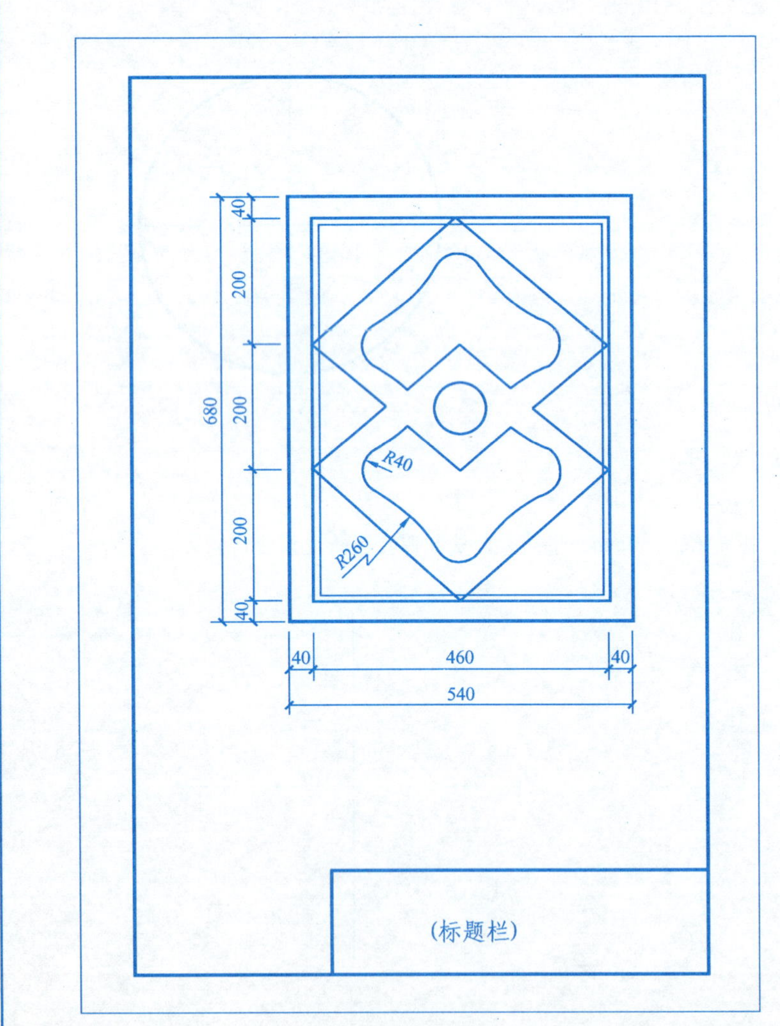
40
200
680
200
200
40
R40
R260
40
460
40
540
(标题栏)

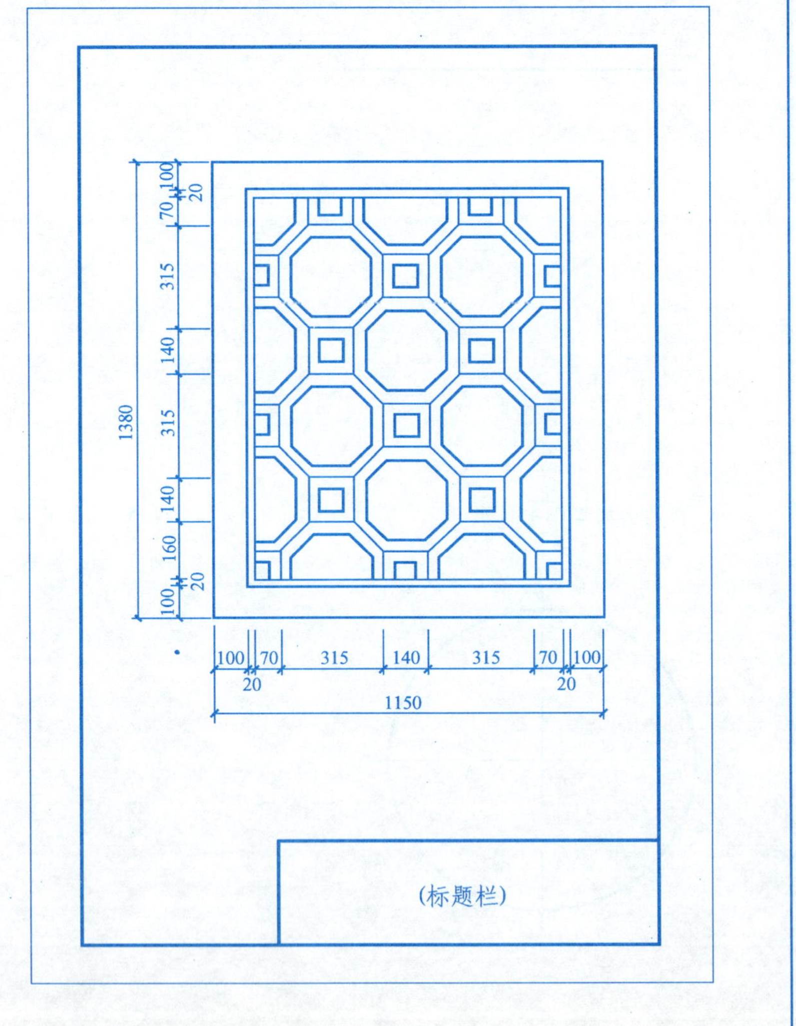
100
20
70
315
140
1380
315
140
160
20
100
100
70
315
140
315
70
100
20
20
1150
(标题栏)

1. 根据直观图中 A、B、C、D 各点的空间位置，画出它们的投影图，并量出各点到投影面的距离（以 mm 计），填入下表。

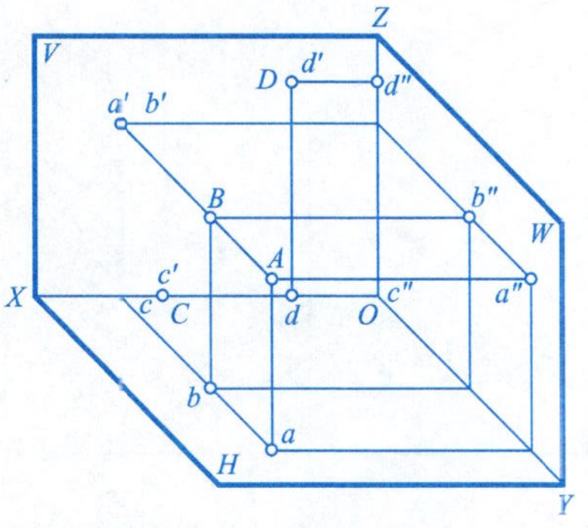

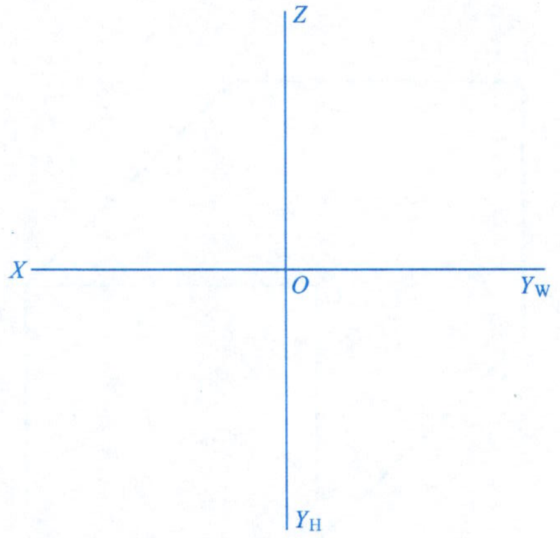

A		
B		
C		
D		

2. 已知点 A 距 V 面 20mm，距 H 面 30mm；点 B 在 V 面内，距 H 面 20mm；点 C 距 V 面 35mm，距 H 面 25mm；点 D 在 H 面内，距 V 面 30mm。画出它们的投影图。

3. 已知点 A、B、C 的两面投影，画出它们的第三面投影图和直观图，并从投影图中量出各点的坐标值，填入下面括弧内。

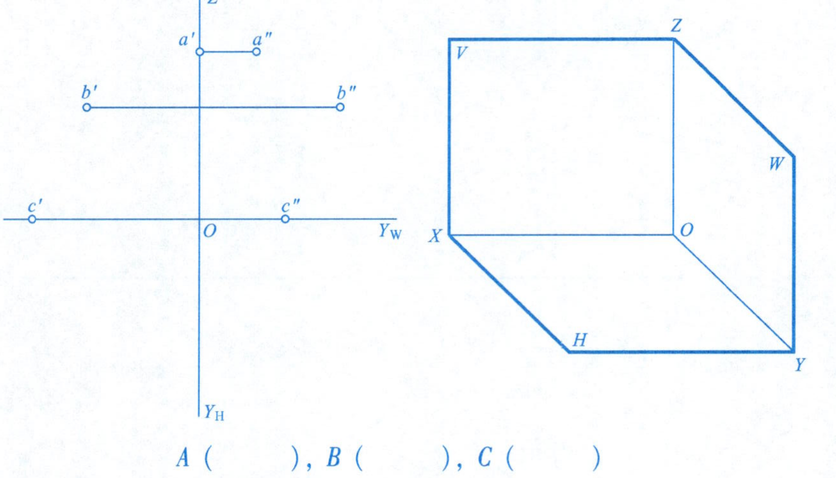

A (　　　), B (　　　), C (　　　)

4. 作 A (20, 30, 15)、B (10, 20, 0)、C (30, 0, 30) 三点的投影图和直观图。

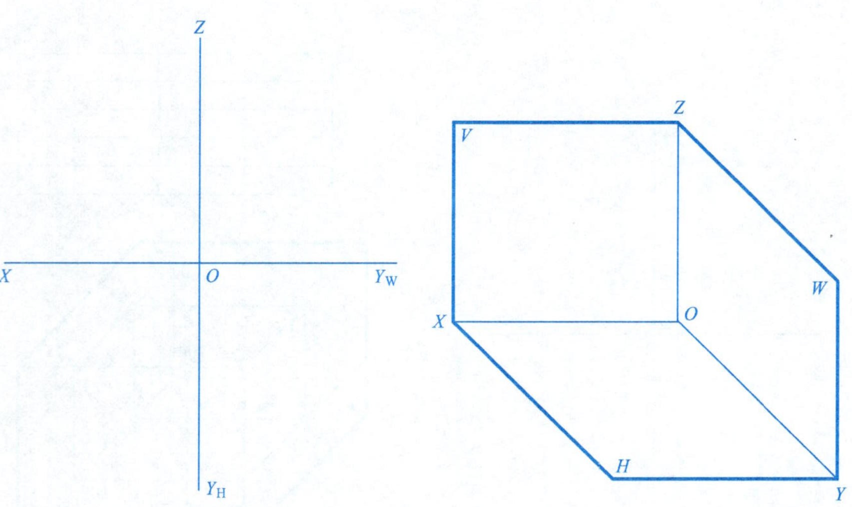

5. 已知点 A、B、C、D 的两投影，试求其第三面投影。

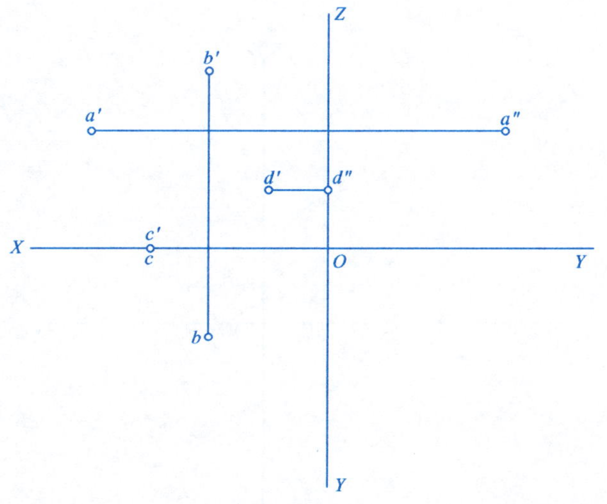

6. 比较点 C 和 D 的相对位置。

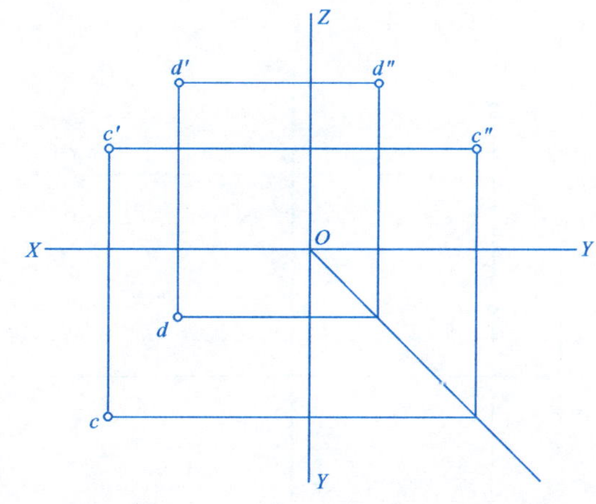

问：D 比 C 距 H 面高还是低？答：

D 比 C 距 V 面远还是近？

D 比 C 距 W 面远还是近？

7. 求出各点的第三面投影，并比较 A 与 B、C 与 D、E 与 F 的相对位置。

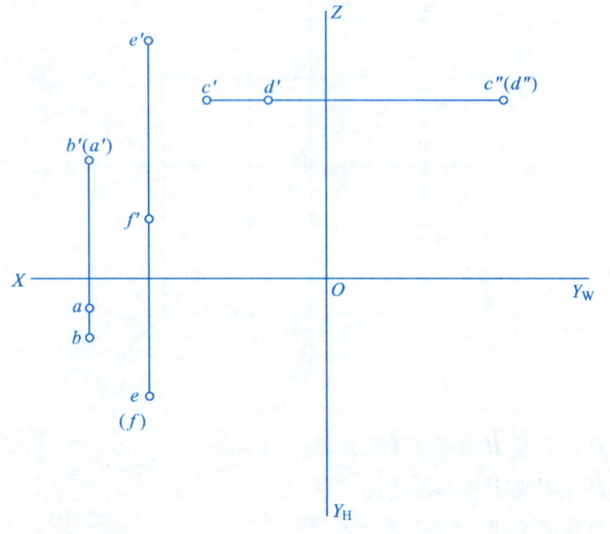

8. 已知点 B 在点 A 左方 25mm，下方 10mm，前方 18mm，求点 B 的三面投影，并完成点 A 的第三面投影。

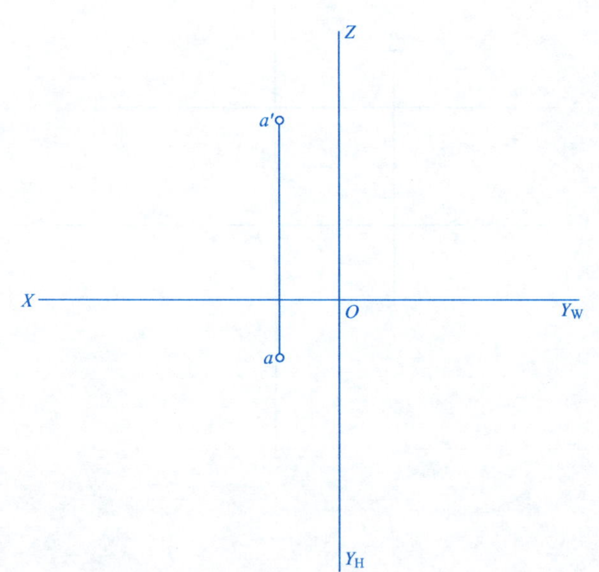

直线的投影

1. 画出直线的第三面投影，判断各直线对投影面的相对位置，并标出各特殊位置直线对投影面倾角的真实大小。

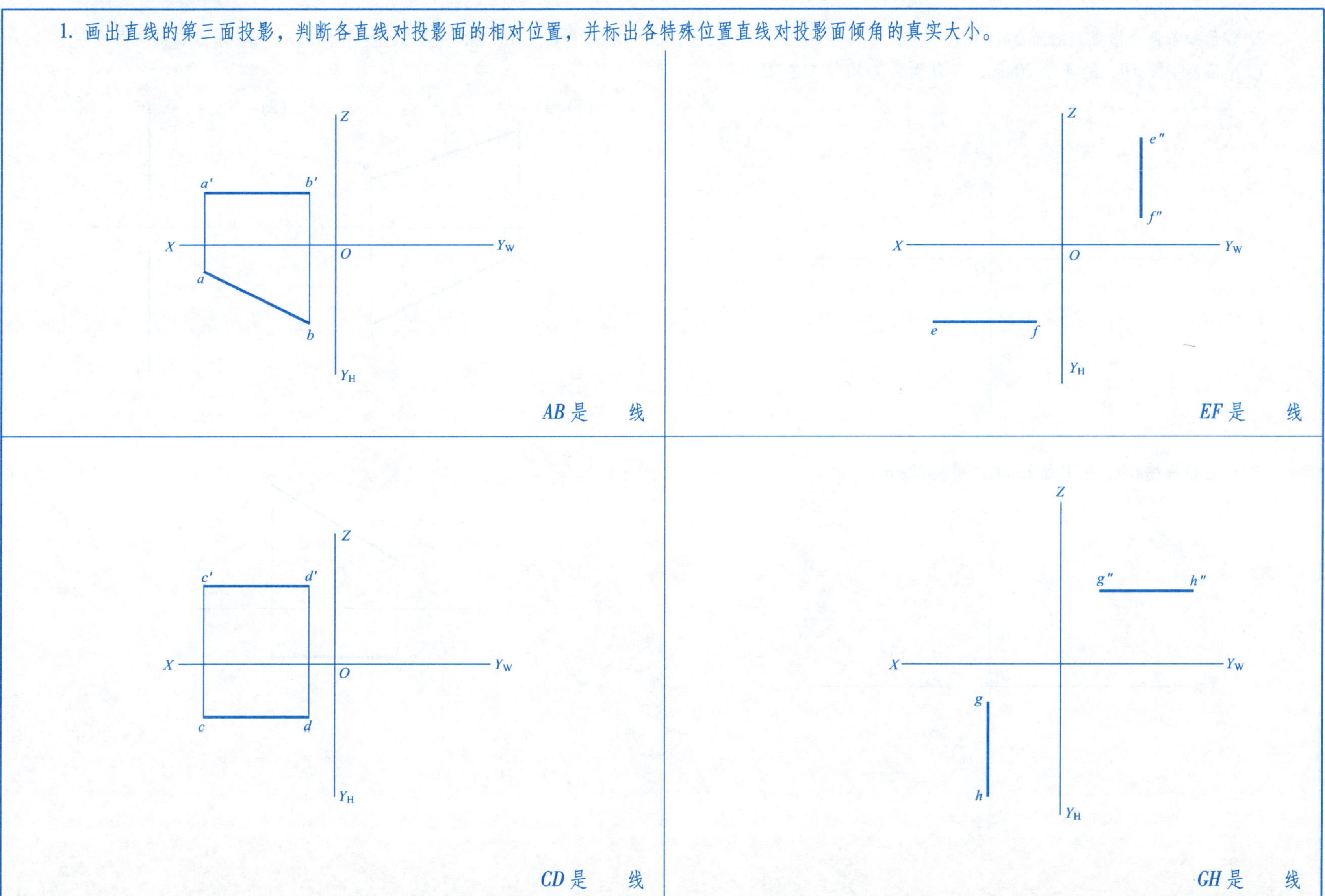

2. 按已知条件画出直线的三面投影。

(1) 画侧平线 AB，距 W 面 20mm，与 H 面夹角 30°，实长 25mm。

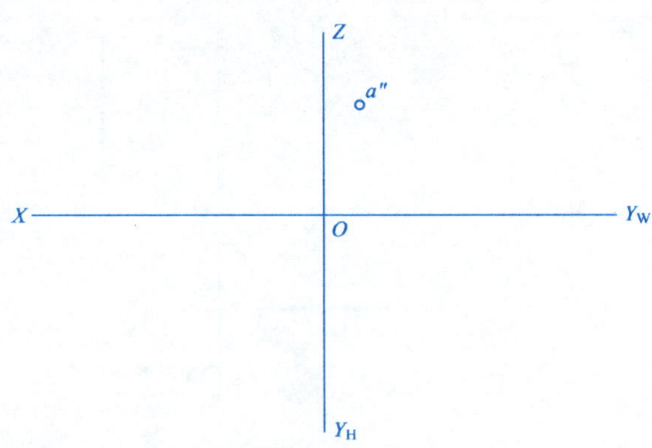

(2) 画铅垂线 CD，距 V 面 15mm，实长 22mm。

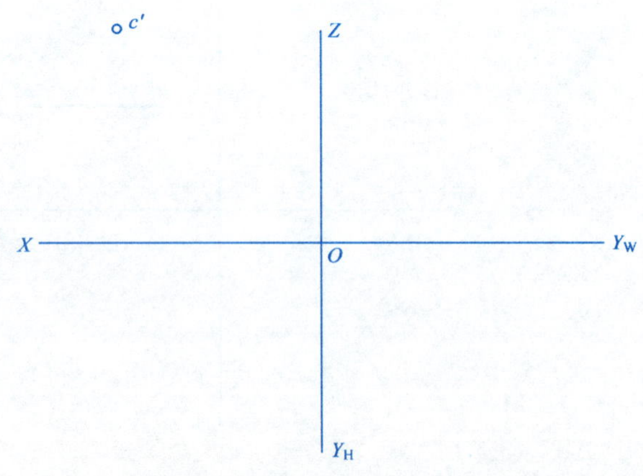

3. 在直线 AB 上取一点 C，使 $AC:CB=2:3$，求点 C 的两面投影。

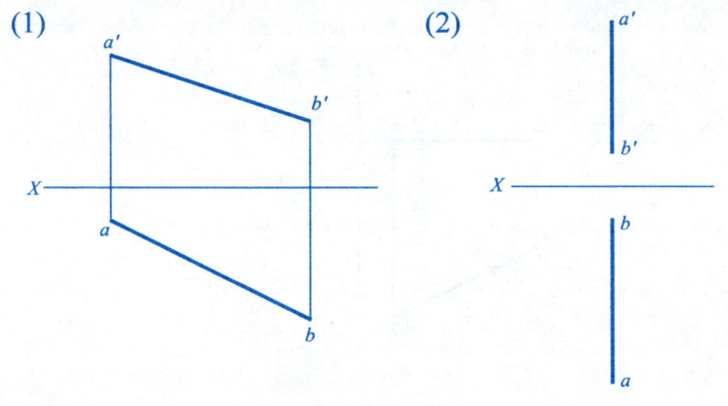

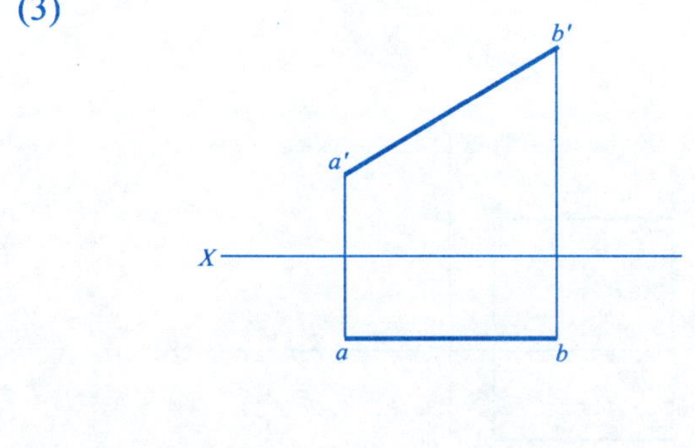

4. 判断并写出两直线 *AB* 与 *CD* 的相对位置（平行、相交、相错）。

（1）

（2）

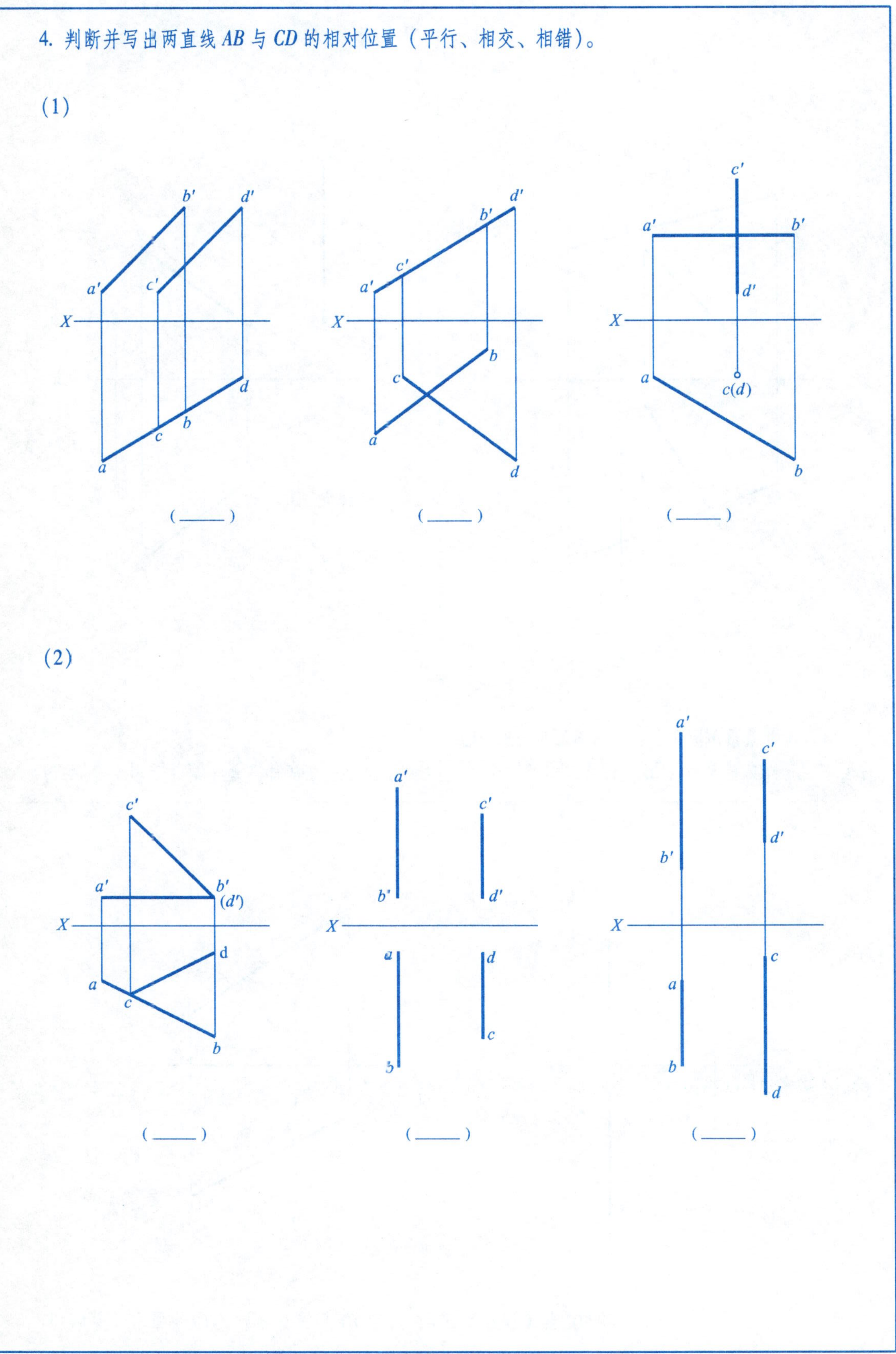

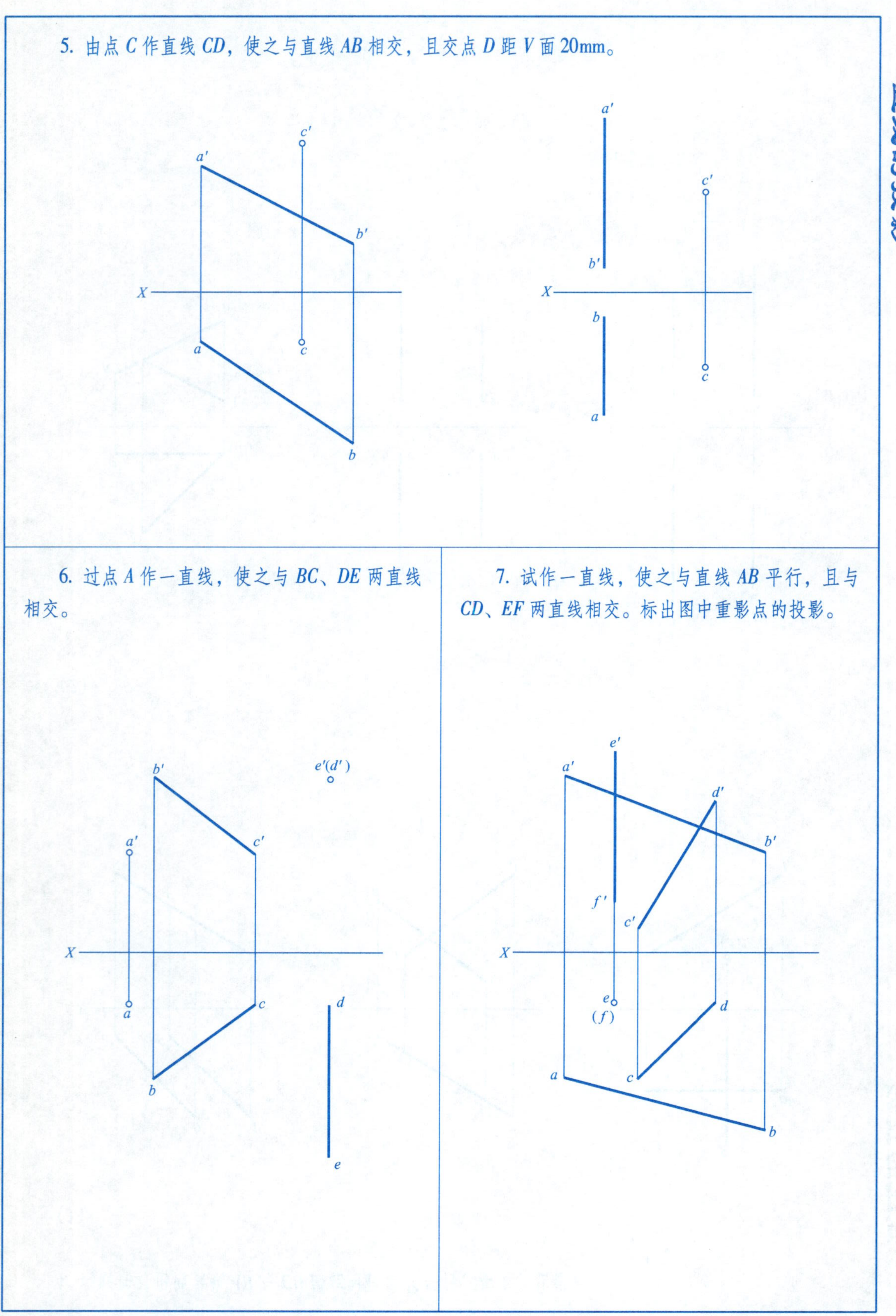
5. 由点 C 作直线 CD，使之与直线 AB 相交，且交点 D 距 V 面 20mm。
a'
c'
b'
X
a
c
b
a'
c'
b'
X
b
c
a
6. 过点 A 作一直线，使之与 BC、DE 两直线相交。
b'
e'(d')
a'
c'
X
a
c
d
b
e
7. 试作一直线，使之与直线 AB 平行，且与 CD、EF 两直线相交。标出图中重影点的投影。
e'
a'
d'
b'
f'
c'
X
e
(f)
d
a
c
b

8. (1) 如图，求作直线 *AB*，与两已知直线 *CD*、*EF* 相交于 *A*、*B* 点，且平行于直线 *GJ*。

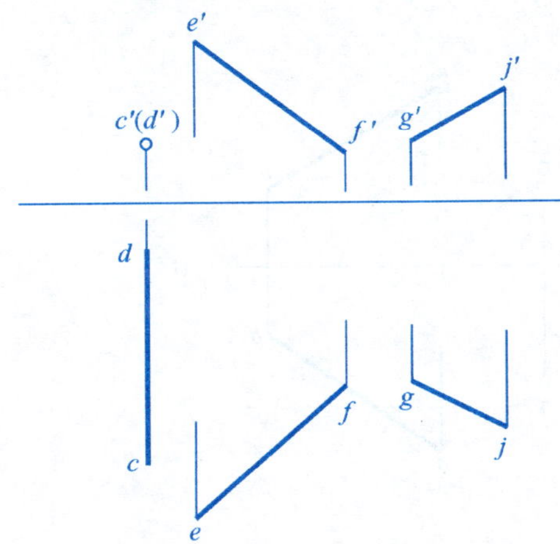

(2) 判别两直线 *AB*、*CD* 的相对位置。

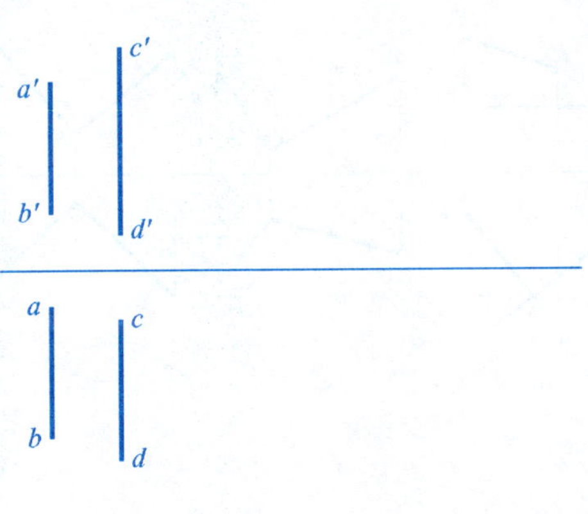

(3) 试过 *A* 点作 *H* 面平行线 *AB*，并与 *W* 面平行线 *CD* 相交。

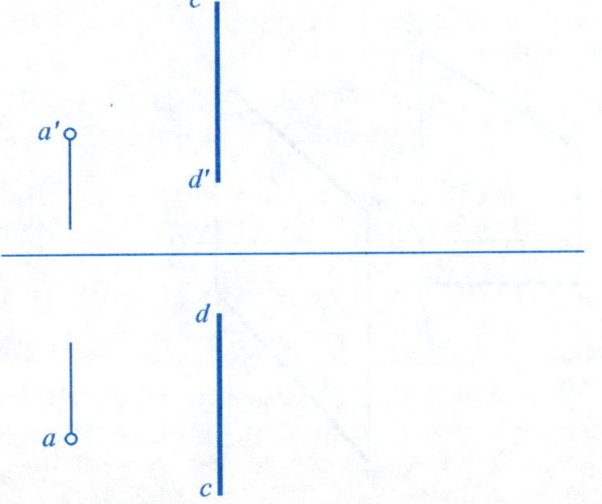

(4) 求 *A* 点到 *V* 面平行线 *CD* 的距离。

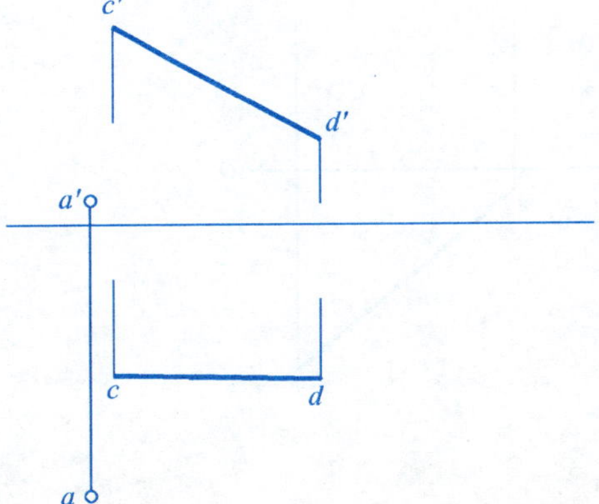

9. (1) 判别两直线 AB 与 CD 是否垂直。

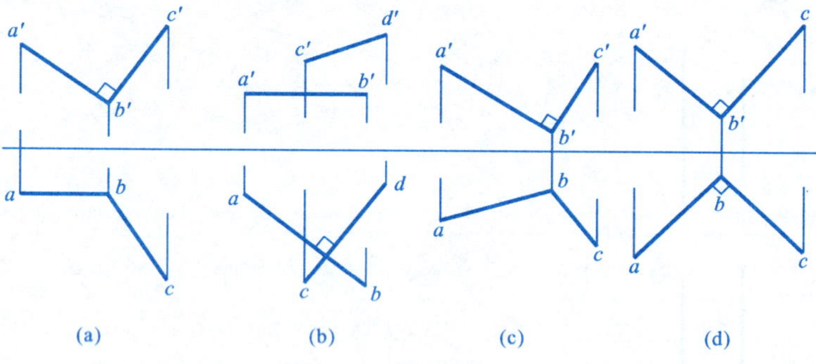

(2) 过点 C 作一直线与已知直线 AB 相交，并使其交点 K 将直线 AB 分为 $AK:KB=2:1$。

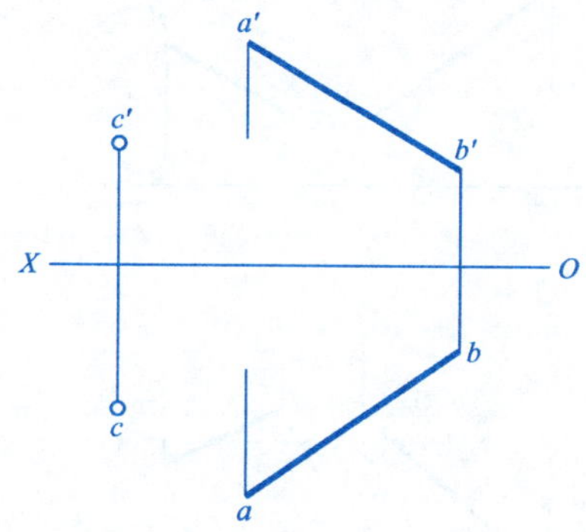

(3) 已知直线 AB 和点 M 的两投影，求 M 点到直线 AB 的距离。

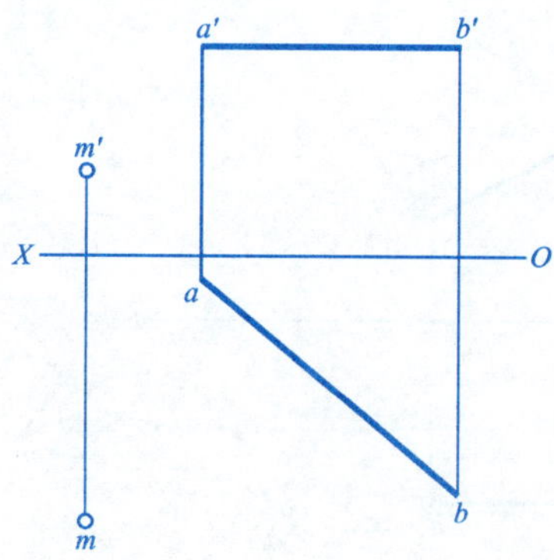

(4) 已知直线 AB 和 MN 的两投影，试以直线 AB 为一直角边，作出直角三角形 ABC，并使点 C 在直线 MN 上。

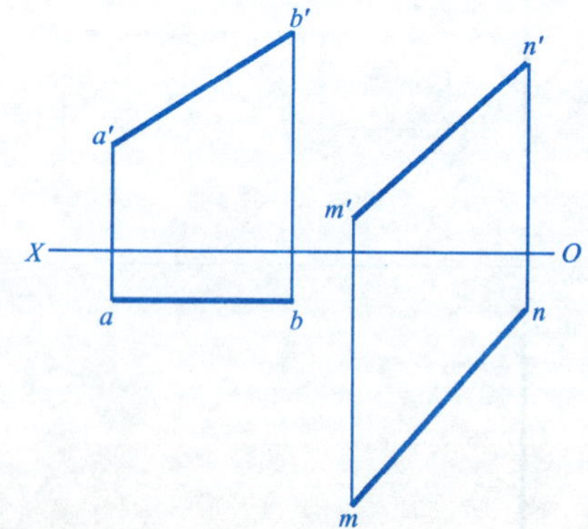

平面的投影

根据平面的三面投影，判断其空间位置及有无实形。
(1)
Z
a′(d′)
d″
a″
b′(c′)
b″
c″
X
O
Y_W
c
d
b
a
Y_H
对 V 面________，
对 H 面________，
对 W 面________，
平面 ABCD 是________面，
平面 ABCD ________实形。
(2)
Z
a′
b′
a″
b″
d′
c′
d″
c″
X
O
Y_W
a(d)
b(c)
Y_H
对 V 面________，
对 H 面________，
对 W 面________，
平面 ABCD 是________面，
平面 ABCD ________实形。
(3)
a′(d′)
Z
d″
a″
b′(c′)
c″
b″
X
O
Y_W
c
d
b
a
Y_H
对 V 面________，
对 H 面________，
对 W 面________，
平面 ABCD 是________面，
平面 ABCD ________实形。
(4)
Z
b′
b″
c′
c″
a′
a″
X
c
O
Y_W
b
a
Y_H
对 V 面________，
对 H 面________，
对 W 面________，
平面 ABC 是________面，
平面 ABC ________实形。

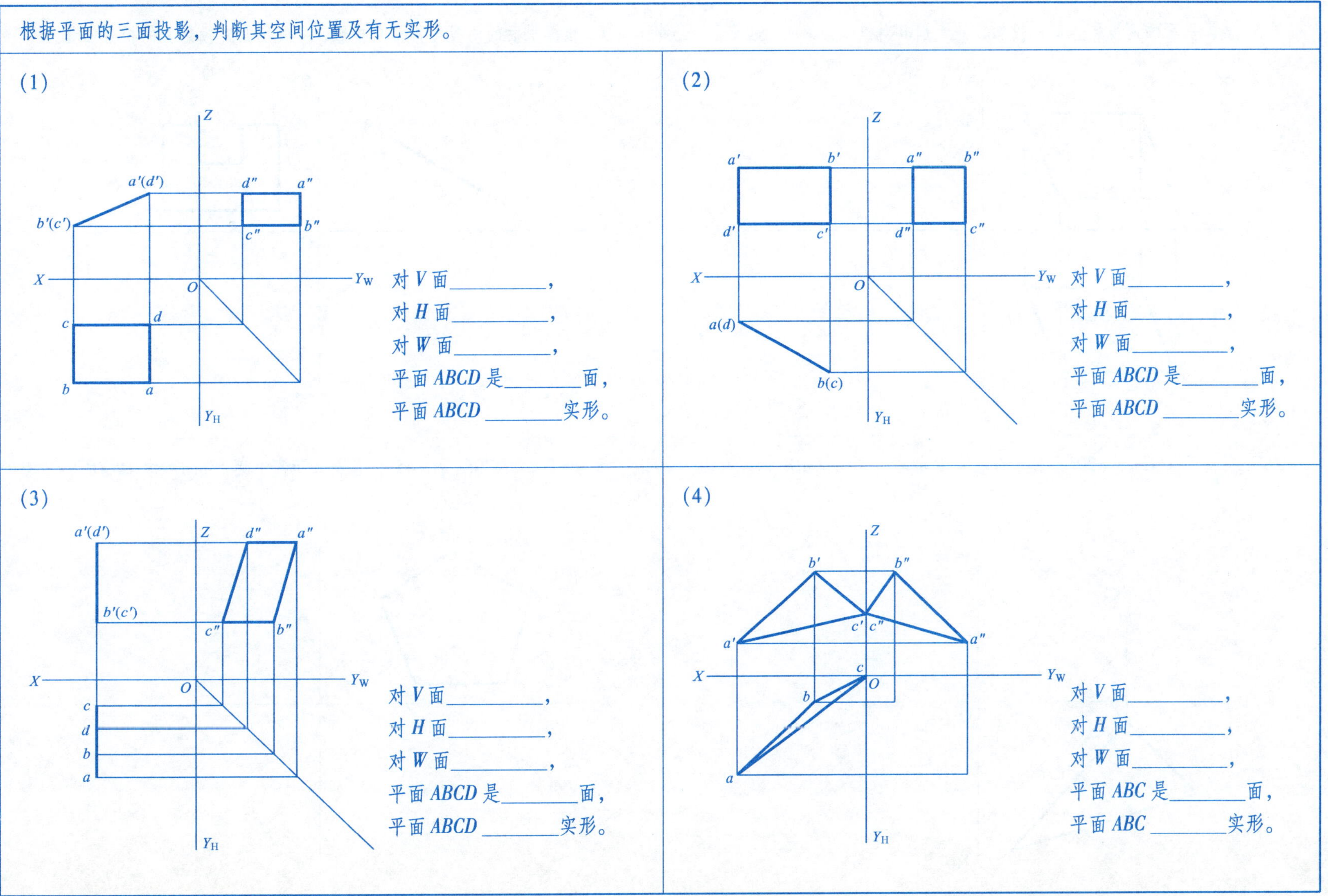

5. 根据平面的两投影作第三投影，并判别其对投影面的相对位置。

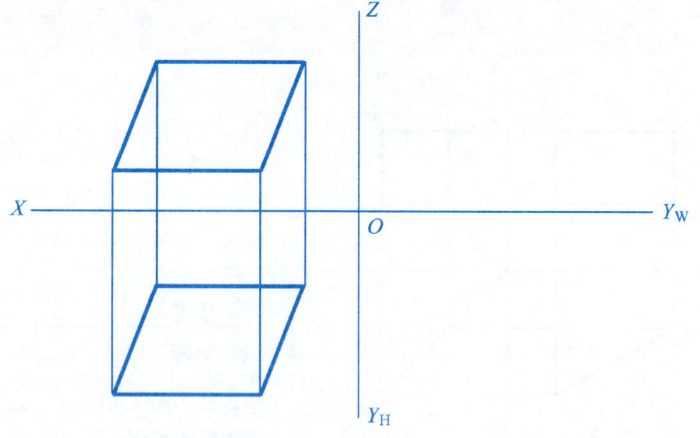

6. 根据平面的两投影作第三投影，并判别其对投影面的相对位置。

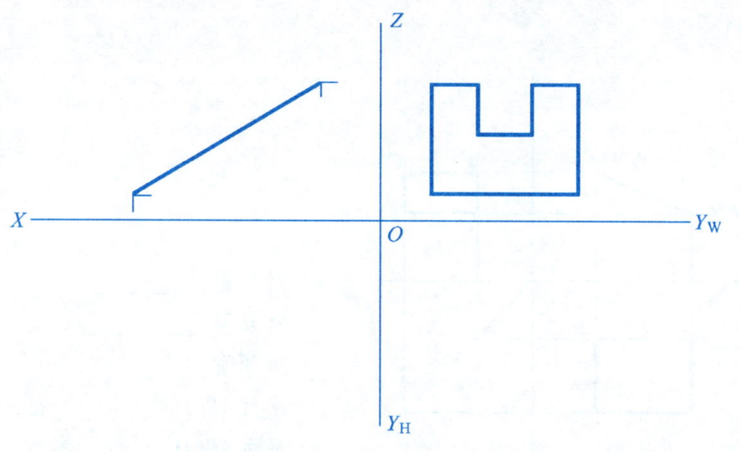

7. 正垂面 ABC，$\alpha=30°$，且点 C 在点 B 的右下方，作 ABC 的投影图。

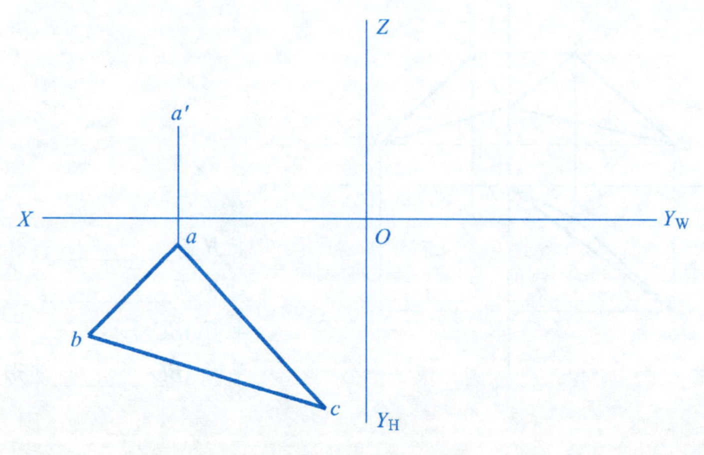

8. 铅垂面 $ABCDE$，$\beta=45°$，且点 A 距离 V 面 15mm，作 $ABCDE$ 的投影图。

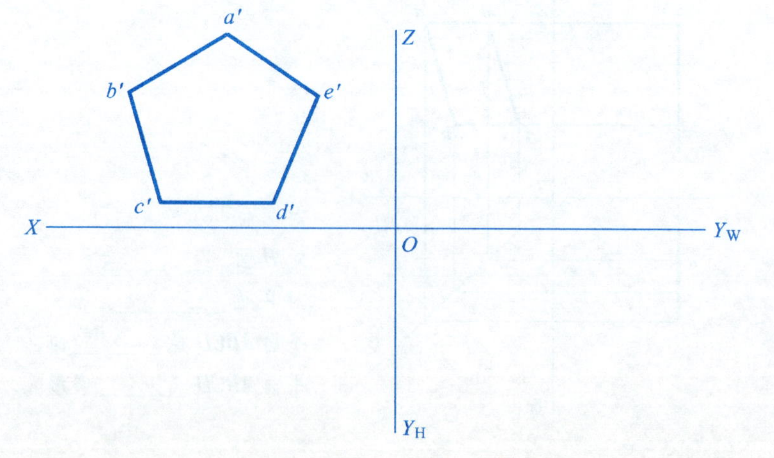

9. 判断点 *A*、*B*、*C*、*D* 是否在同一平面上。

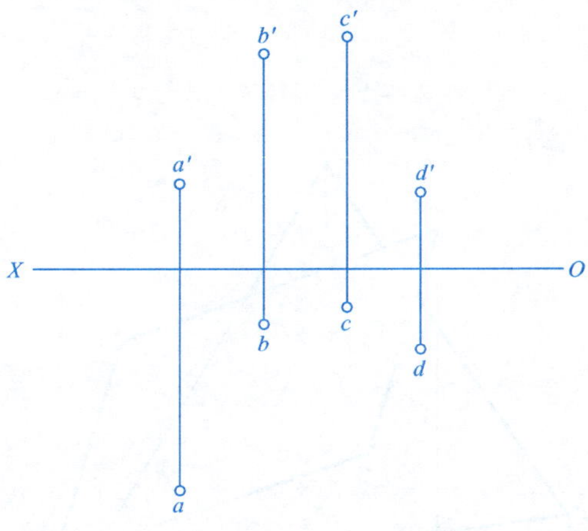

10. 作出 *ABCD* 平面上的 *EFG* 的正面投影。

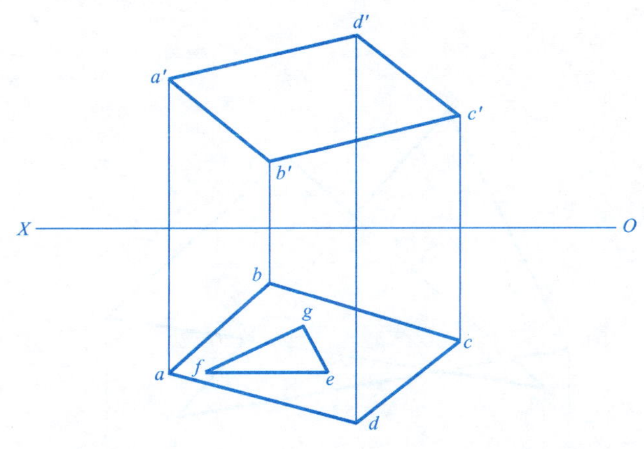

11. 已知点 *D*、*E*、*F* 在 △*ABC* 平面上，求点的另一投影。

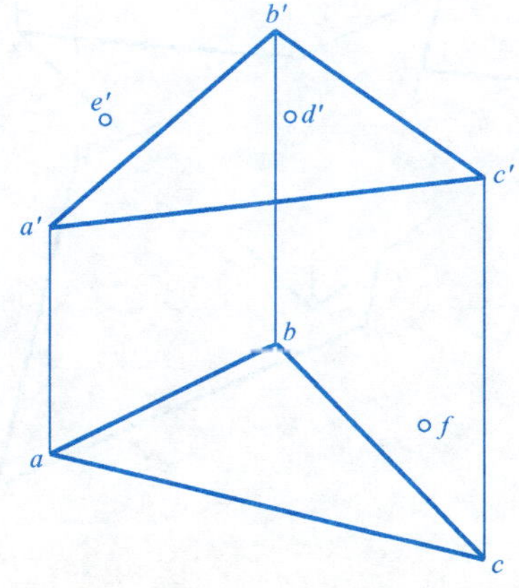

12. 求平面 *ABCD* 上的矩形 *EFGH* 的 *V* 投影。

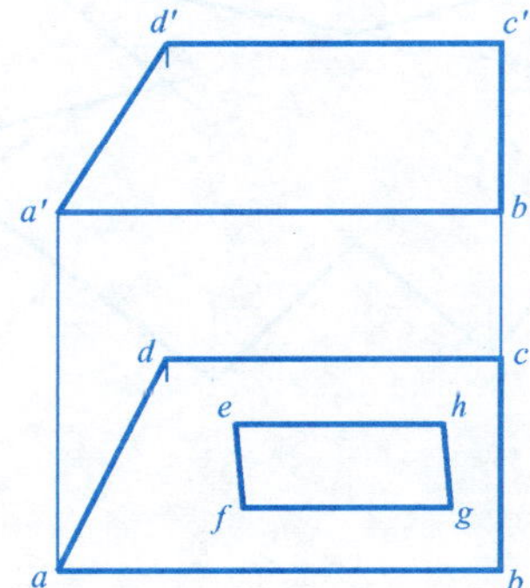

13. 求如下两平面的交线，并判断可见性。

(1)

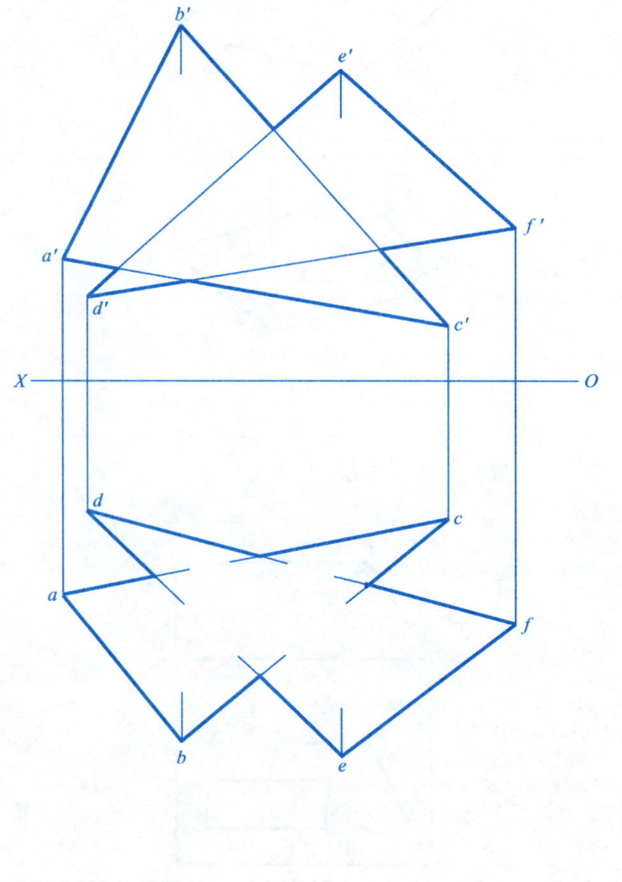

(2)

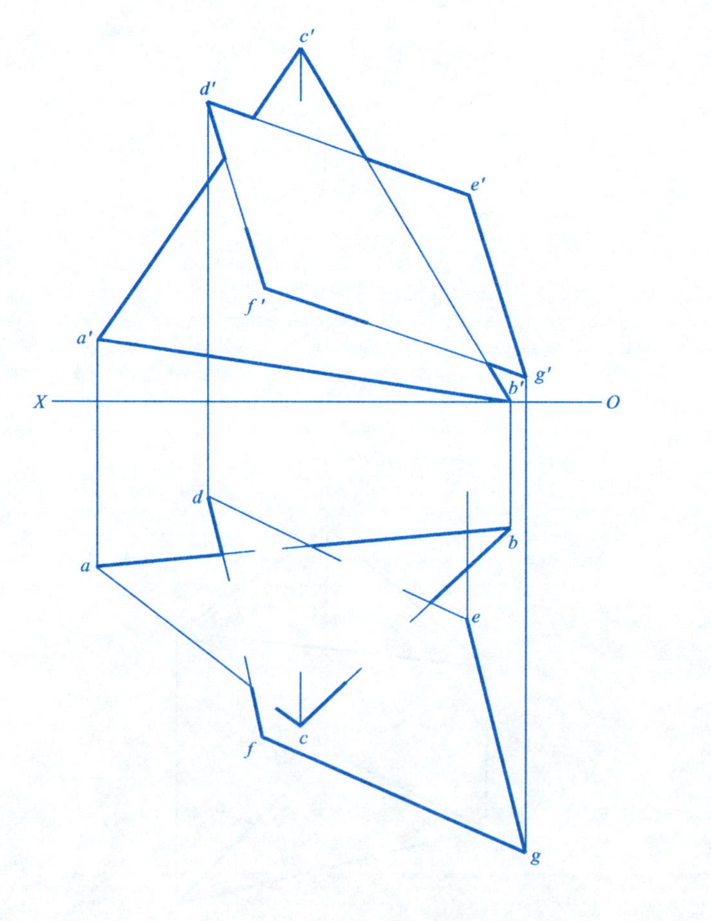

(3)

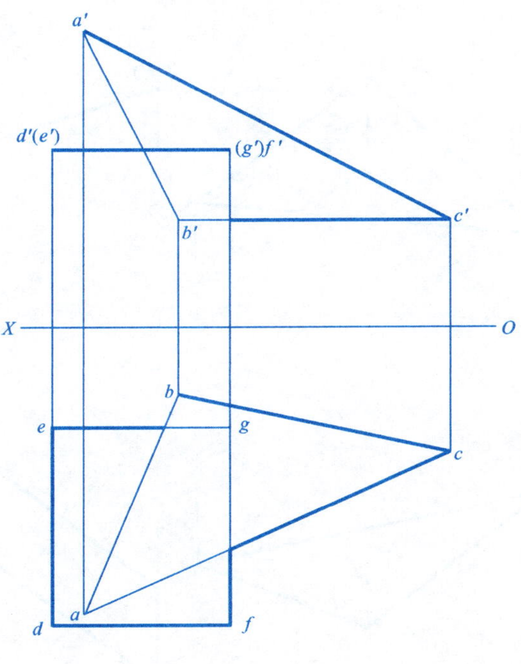

(4)

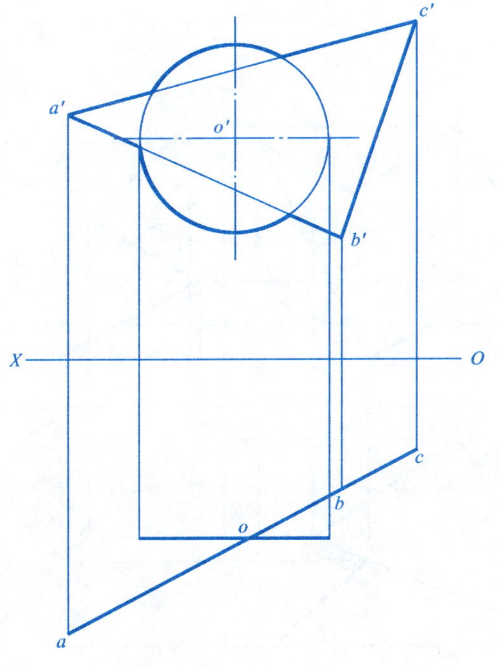

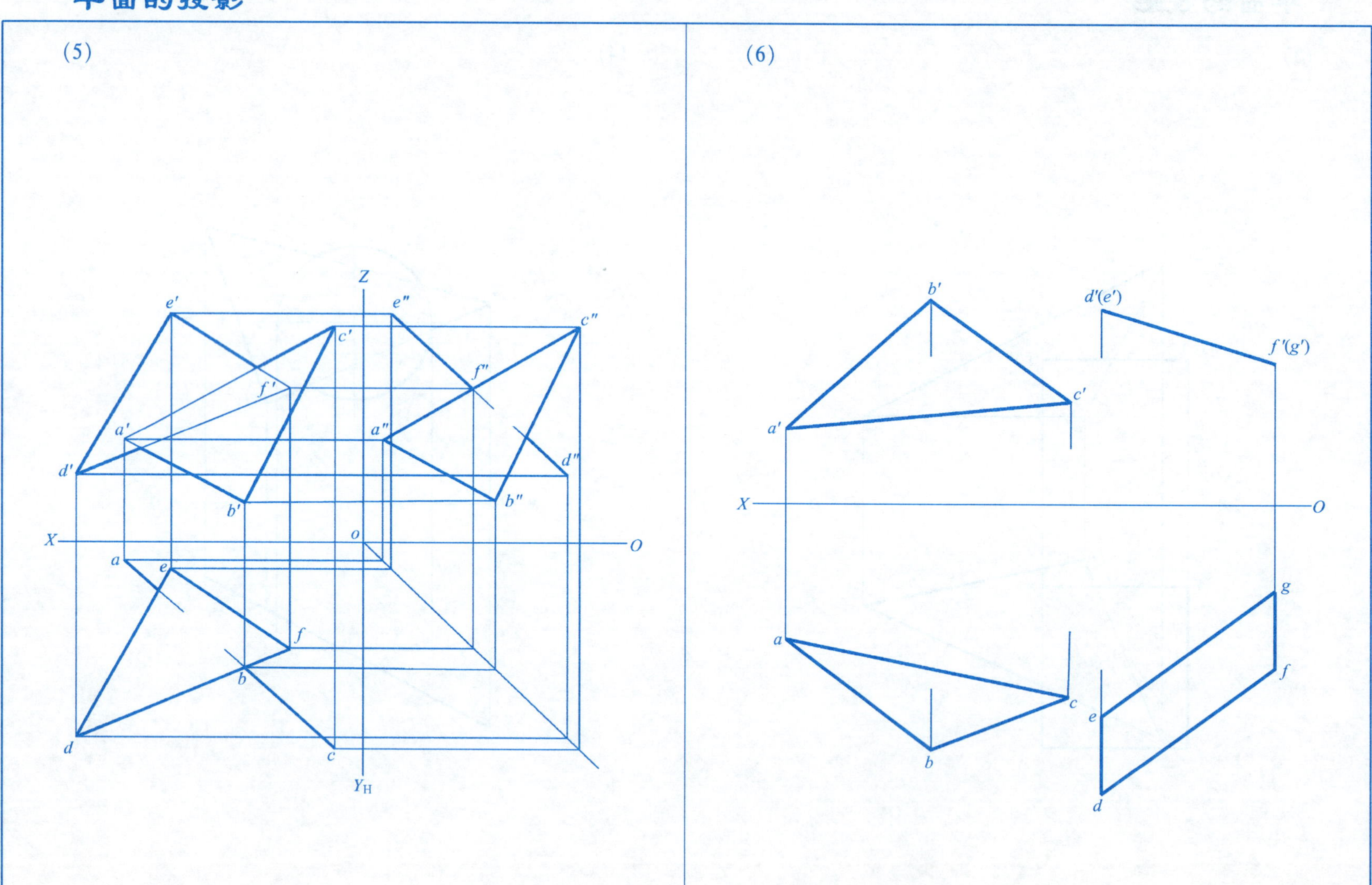
(5)
Z
e'
e"
c"
c'
f"
f'
a'
a"
d'
d"
b'
b"
X
o
O
a
e
f
b
d
c
Y_H
(6)
b'
d'(e')
f'(g')
c'
a'
X
O
g
a
f
c
e
b
d

1. 求 AB 的实长及对 H 面的倾角 α。

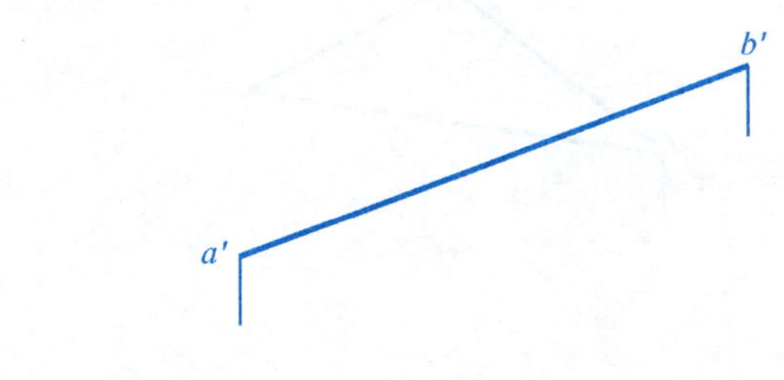

X —— O

2. 求三角形 ABC 的实形。

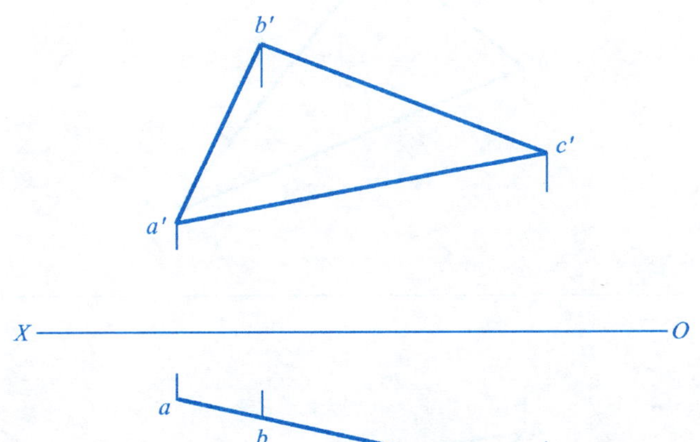

3. 求三角形 *ABC* 对 *H* 面的倾角 α。

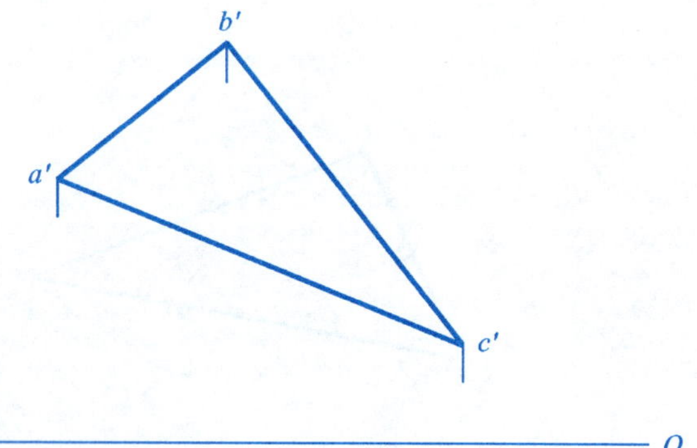

X O

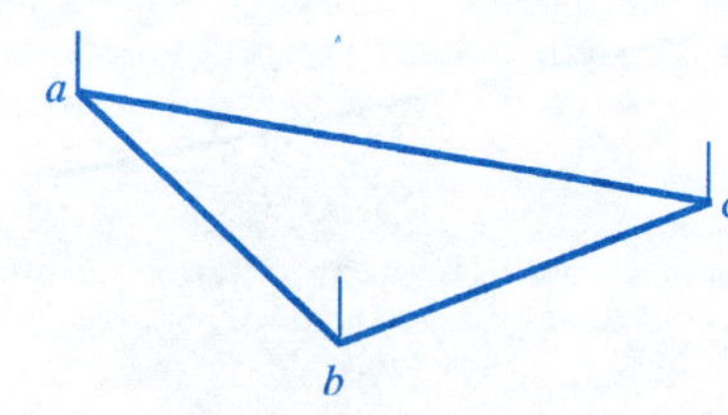

4. 求三角形 *ABC* 的实形。

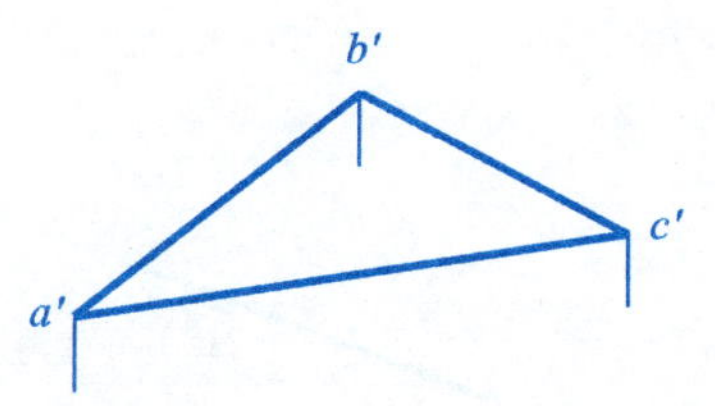

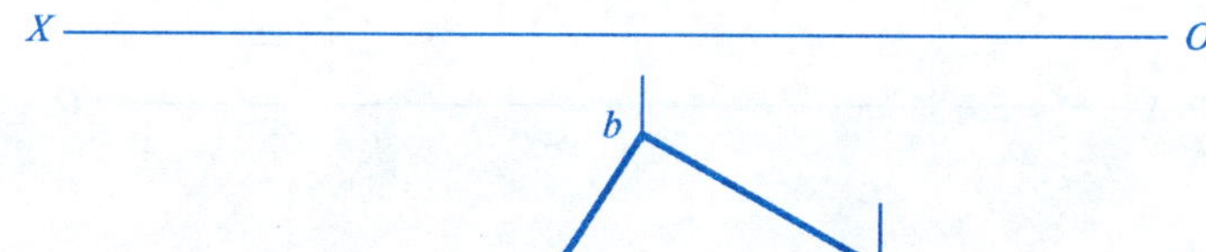

a

5. 求平行线 *AB* 与 *CD* 间的距离。

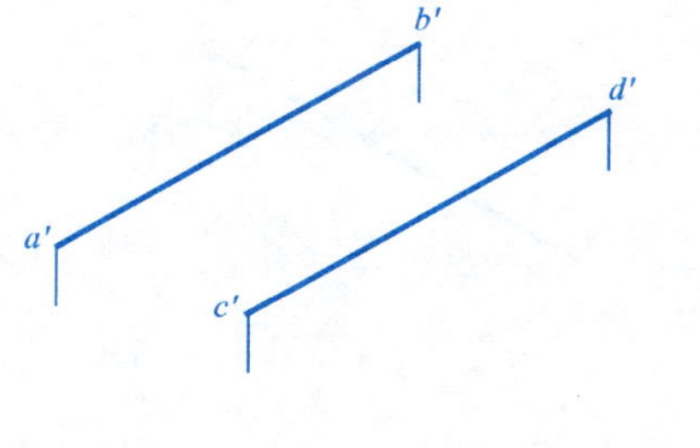

X O

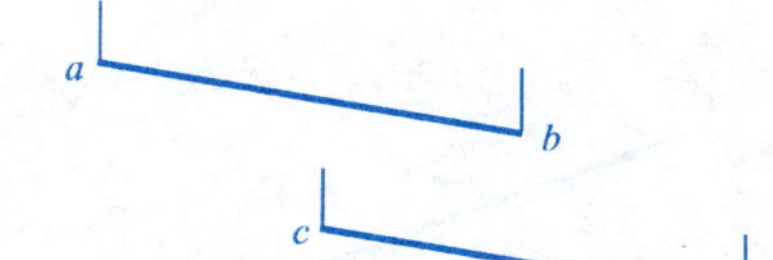

6. 求点 *K* 至三角形 *ABC* 的距离。

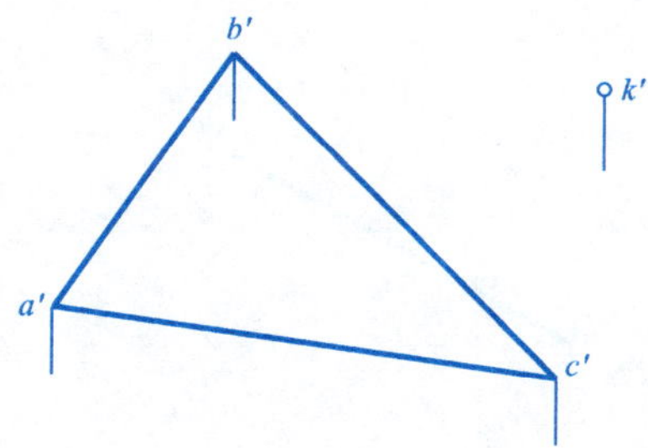

X O

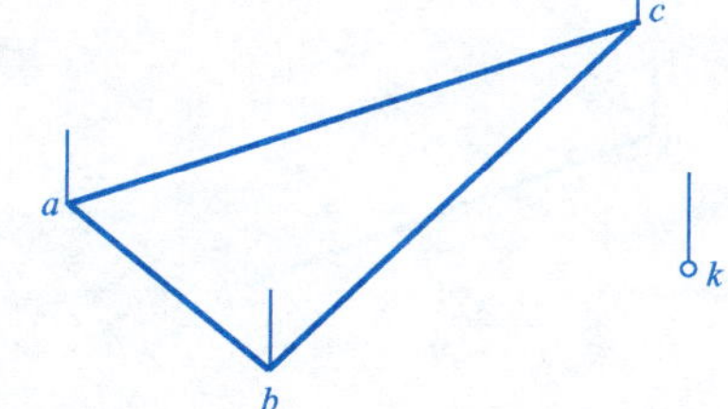

1. 求直线 AB 的实长及其对 V 面的倾角 β。

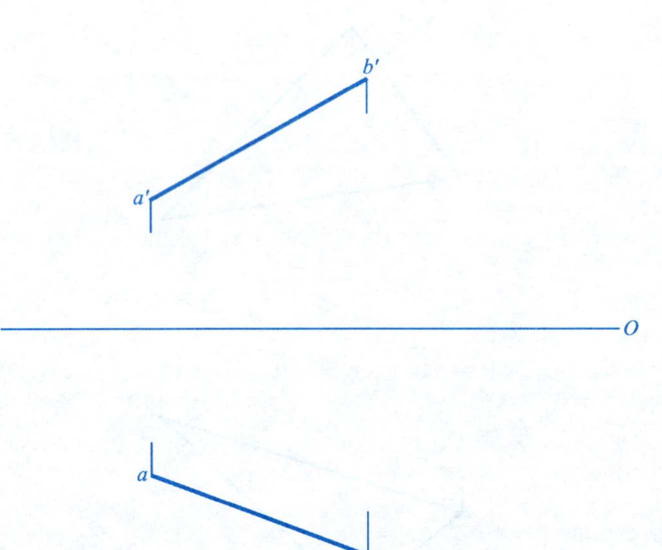

2. 求点 K 至直线 AB 间的距离。

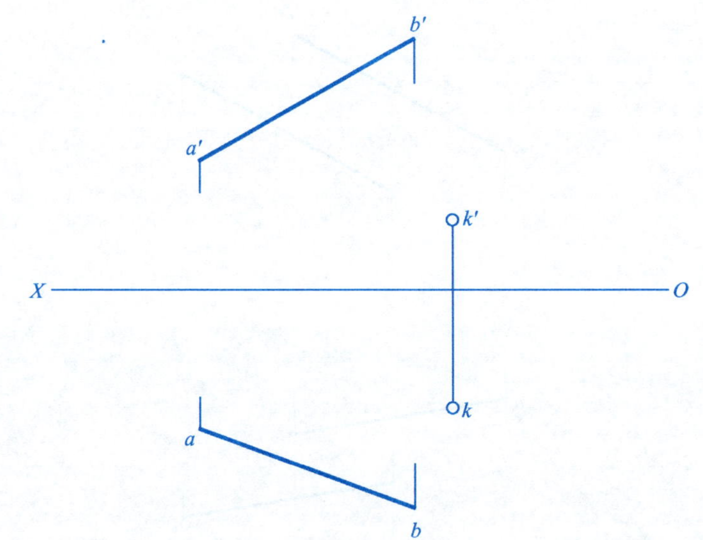

3. 求三角形 ABC 的实形。

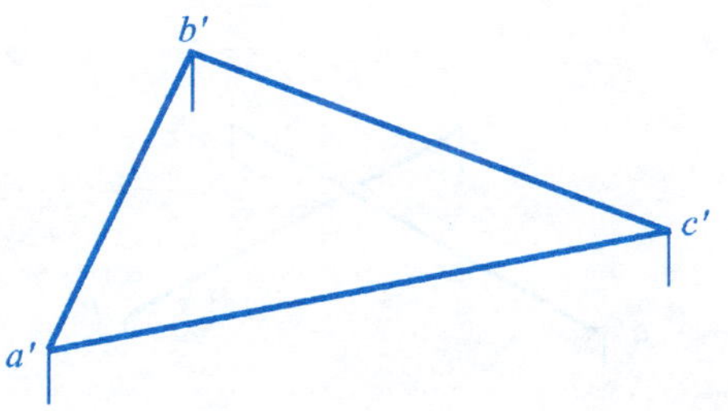

X O

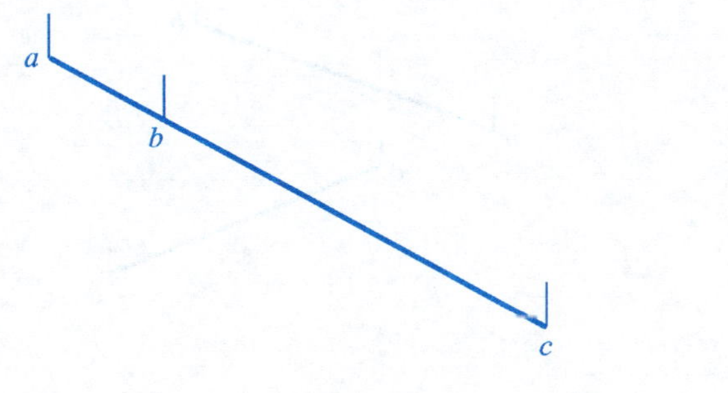

4. 求相交两平面 ABC 与 BCD 间的夹角 θ。

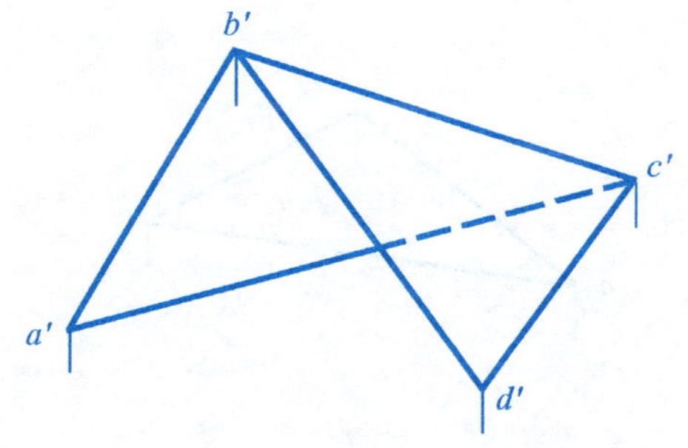

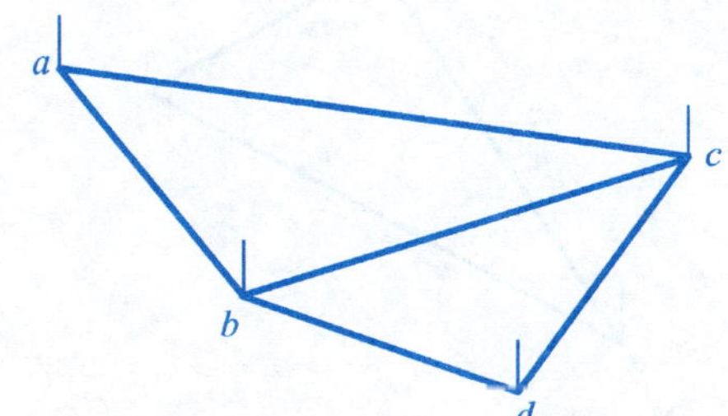

5. 求三角形 *ABC* 的实形。

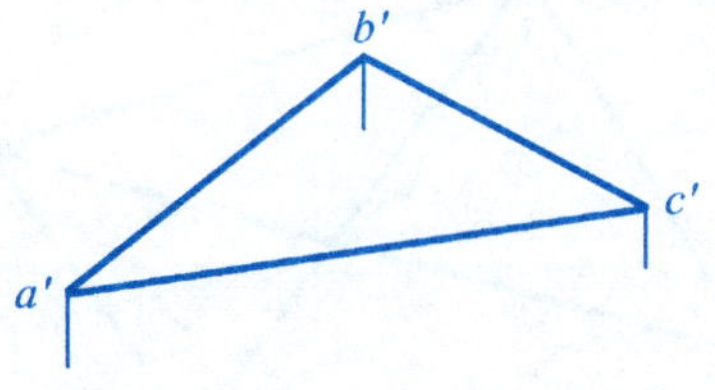

X ——————————— *O*

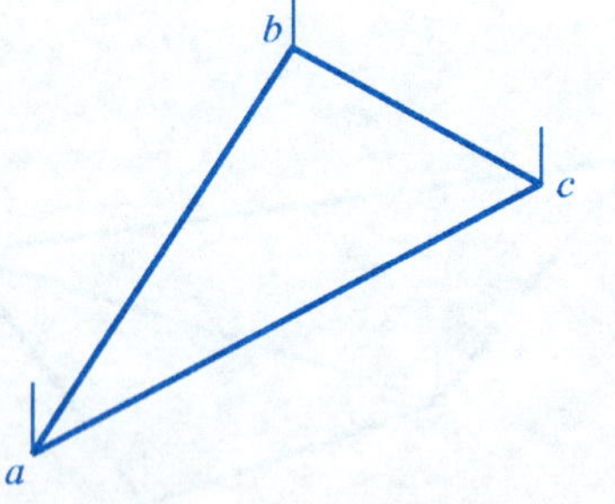

6. 求交叉两直线 *AB* 与 *CD* 间的距离。

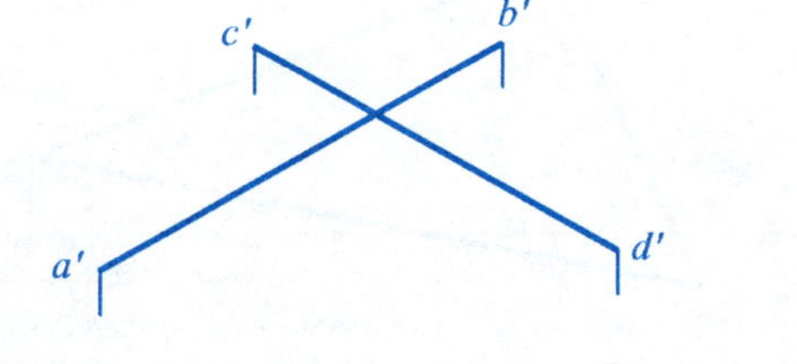

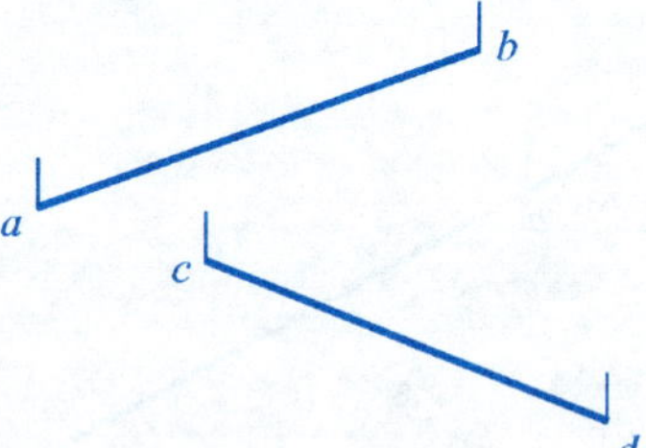

7. 作出斜切三棱柱的完整展开图。

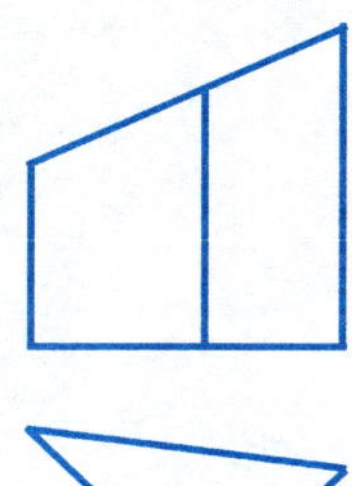

8. 作出斜切圆柱的侧面展开图。

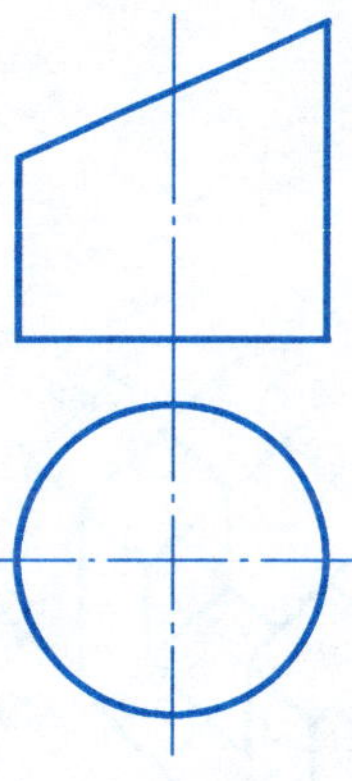

平面体的投影

1. 根据立体图作形体的正投影图（比例自定）。

(1)	(2)
(3)	(4)

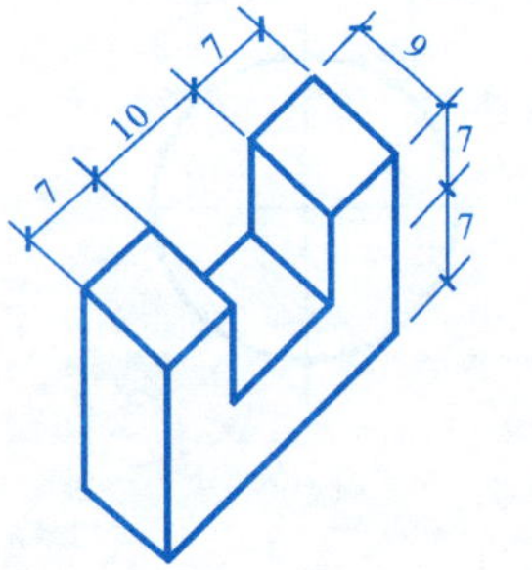

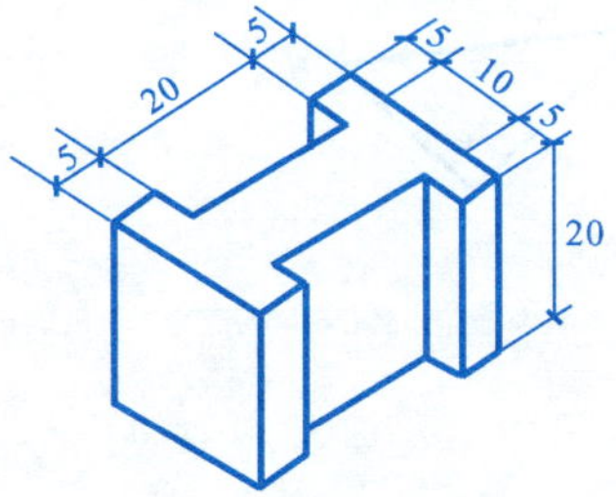

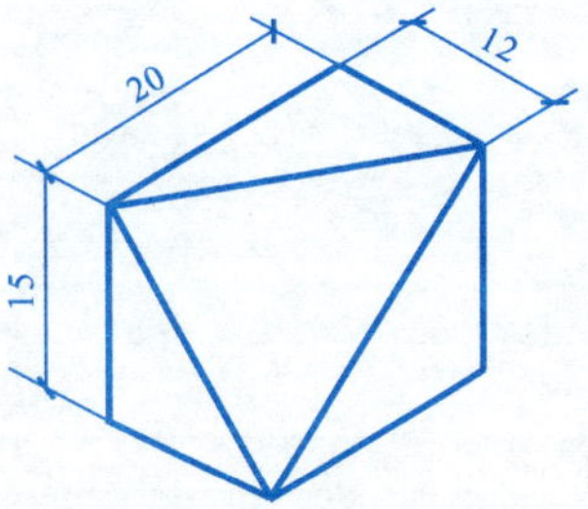

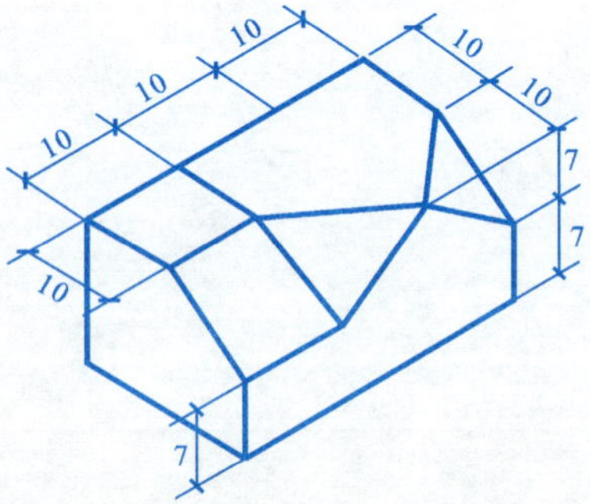

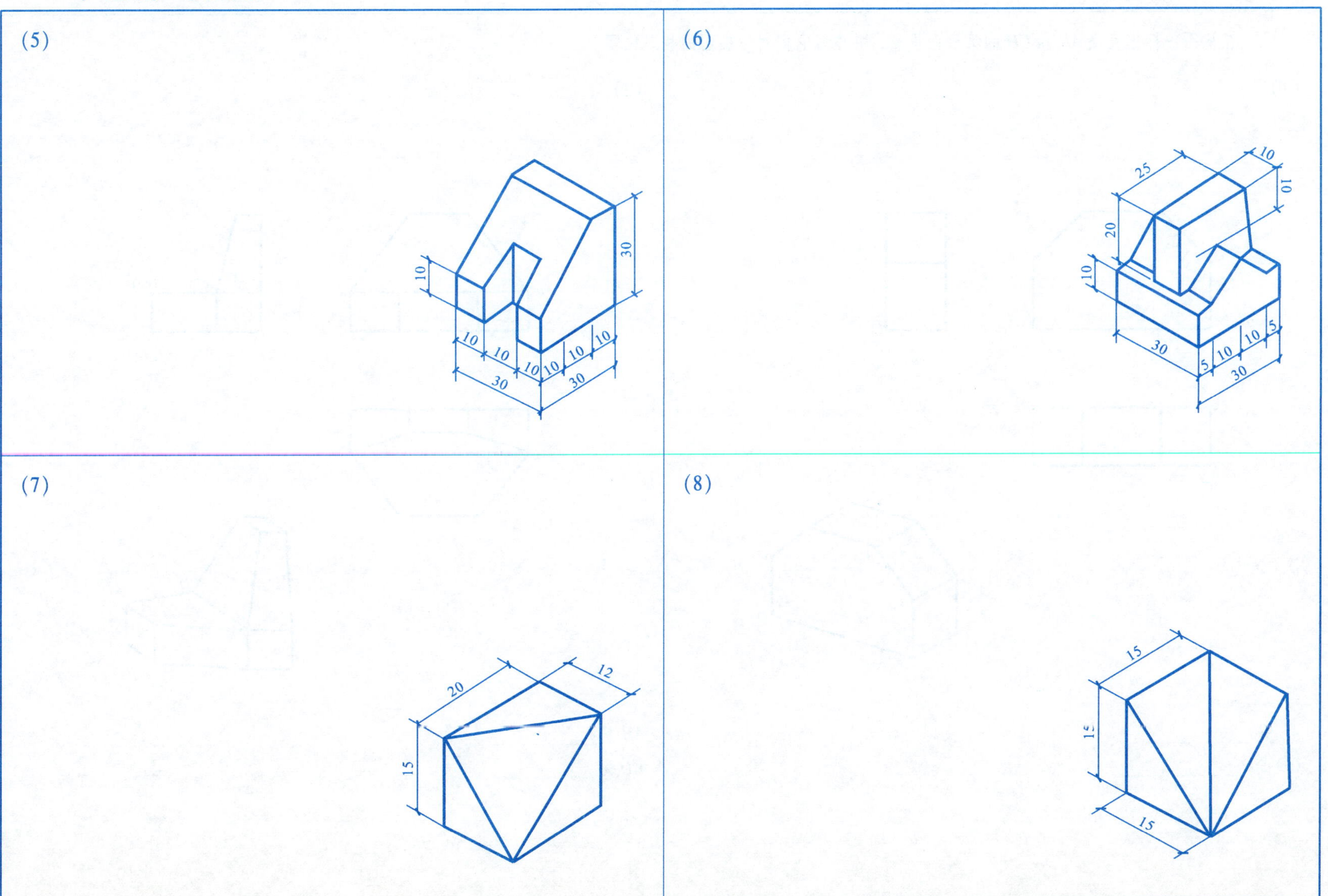
(5)
10
30
10
10
10
10
10
10
30
30
(6)
25
10
10
20
10
30
5
10
10
5
30
(7)
20
12
15
(8)
15
15
15

2. 在视图中标出直线 *AB* 和 *CD* 的第三面投影，并填写它们对投影面的相对位置。

(1)

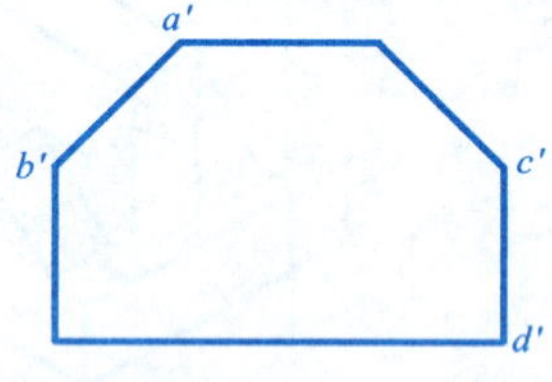

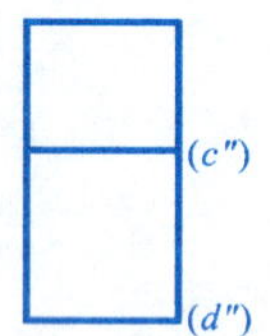

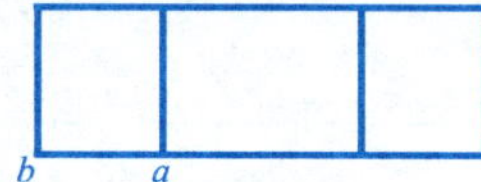

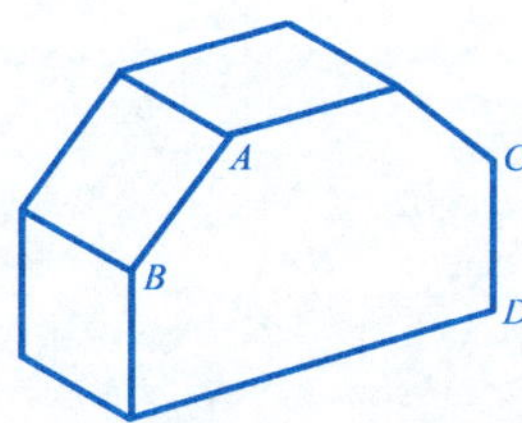

AB 是____________

CD 是____________

(2)

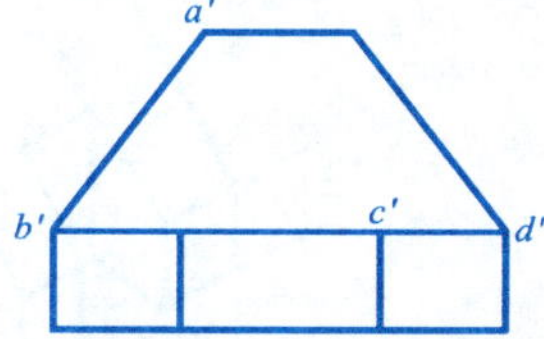

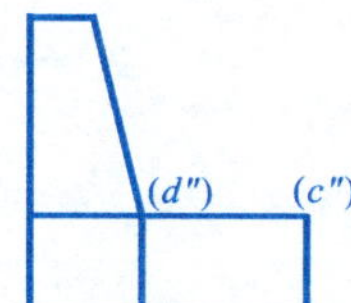

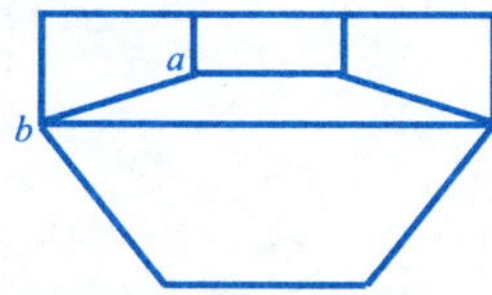

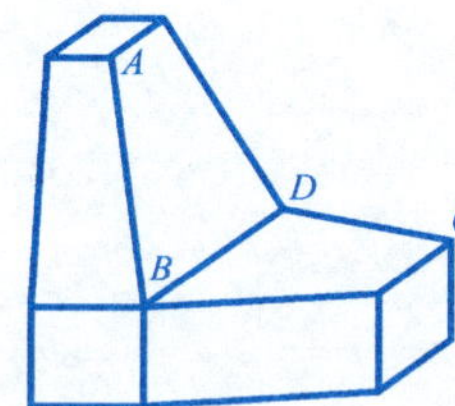

AB 是____________

CD 是____________

3. 在视图中标出平面 P 和 Q 的第三投影，并判断它们对投影面的相对位置。

(1)

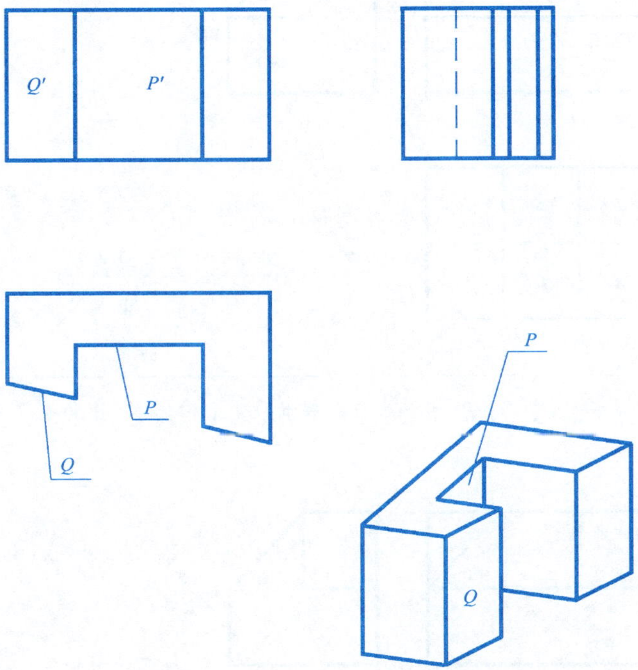

Q′ P′ P Q P Q

P 是______________

Q 是______________

(2)

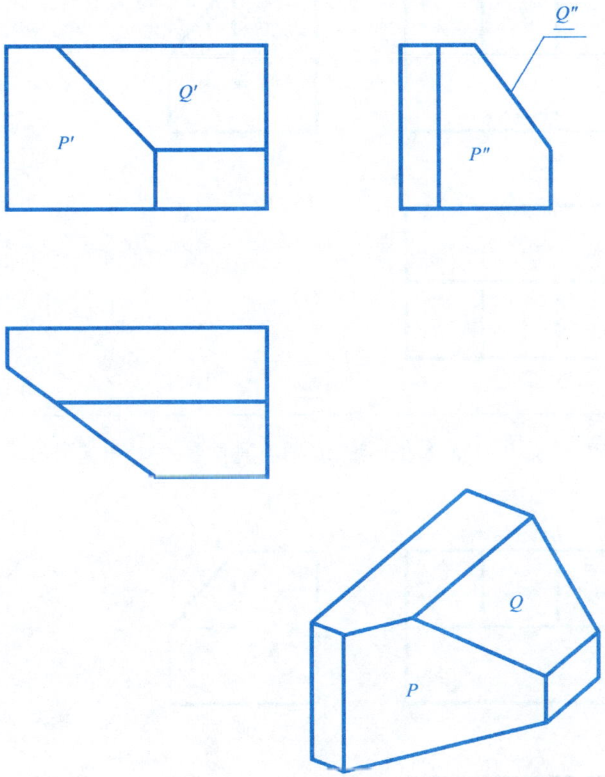

Q″ Q′ P′ P″ Q P

P 是______________

Q 是______________

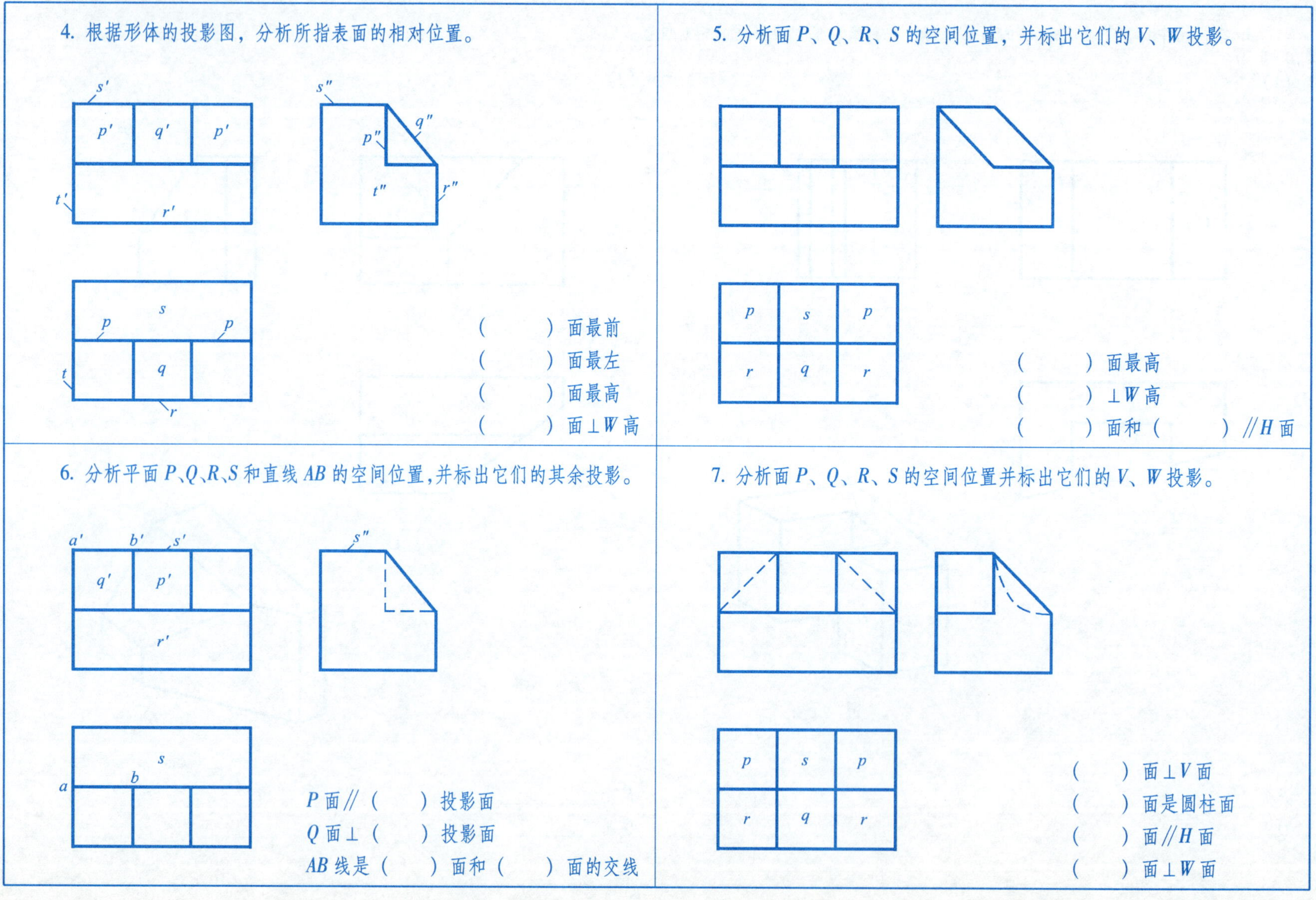
4. 根据形体的投影图，分析所指表面的相对位置。
s′
p′ q′ p′
t′
r′
s″
q″
p″
t″
r″
s
p p
t
q
r
（ ）面最前
（ ）面最左
（ ）面最高
（ ）面⊥W 高
5. 分析面 P、Q、R、S 的空间位置，并标出它们的 V、W 投影。
p s p
r q r
（ ）面最高
（ ）⊥W 高
（ ）面和（ ）//H 面
6. 分析平面 P、Q、R、S 和直线 AB 的空间位置，并标出它们的其余投影。
a′ b′ s′
q′ p′
r′
s″
s
a
b
P 面//（ ）投影面
Q 面⊥（ ）投影面
AB 线是（ ）面和（ ）面的交线
7. 分析面 P、Q、R、S 的空间位置并标出它们的 V、W 投影。
p s p
r q r
（ ）面⊥V 面
（ ）面是圆柱面
（ ）面//H 面
（ ）面⊥W 面

8. 补绘形体的 W 面投影，并求出体表面上 A、B、C 三点的其余两个投影。

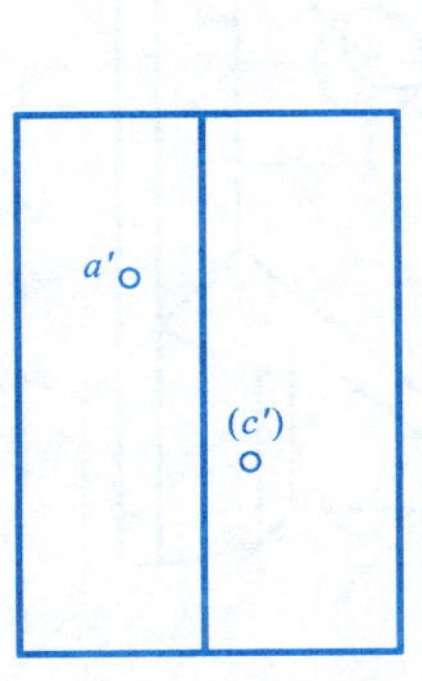

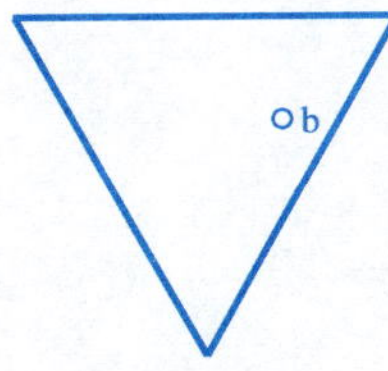

9. 补绘形体的 W 面投影，并求出体表面上折线 ABC 的其余两个投影。

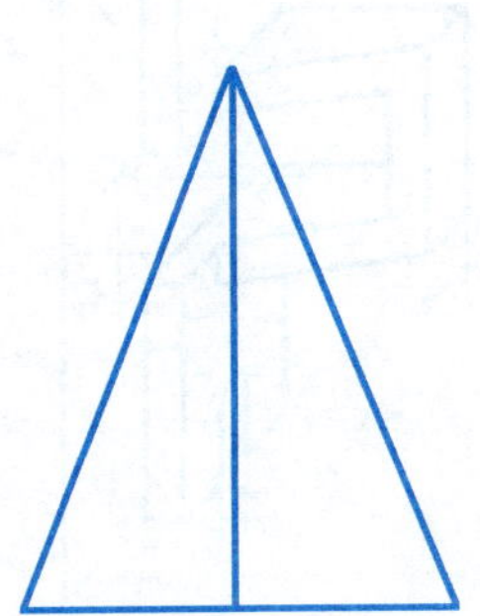

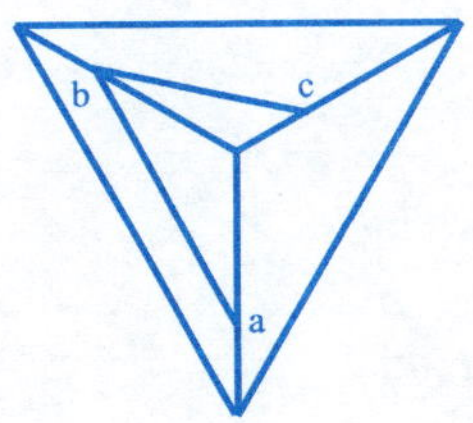

10. 根据轴测图画出三视图（按图中尺寸，用 1:1 比例画图）。

(1)

(2)

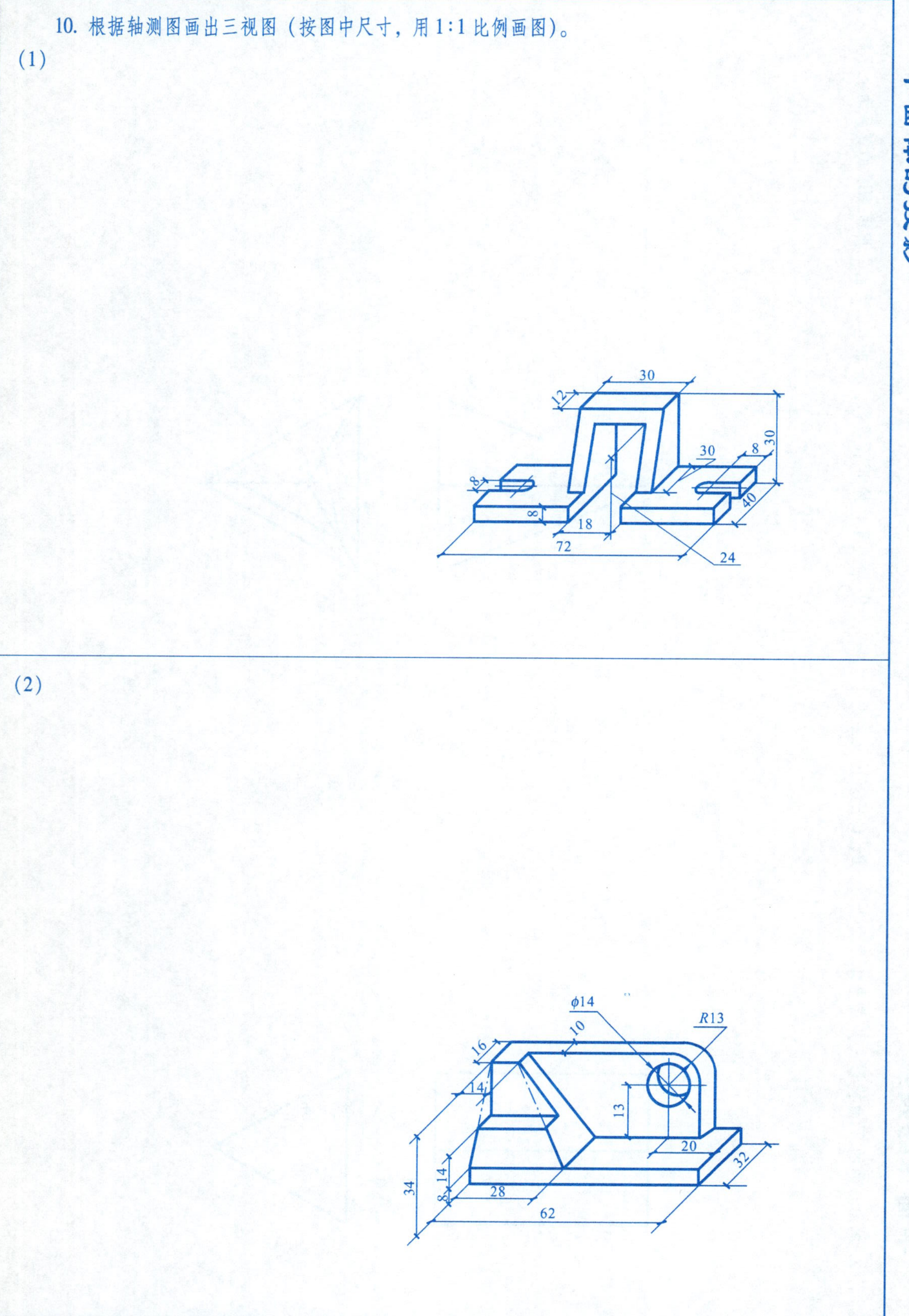

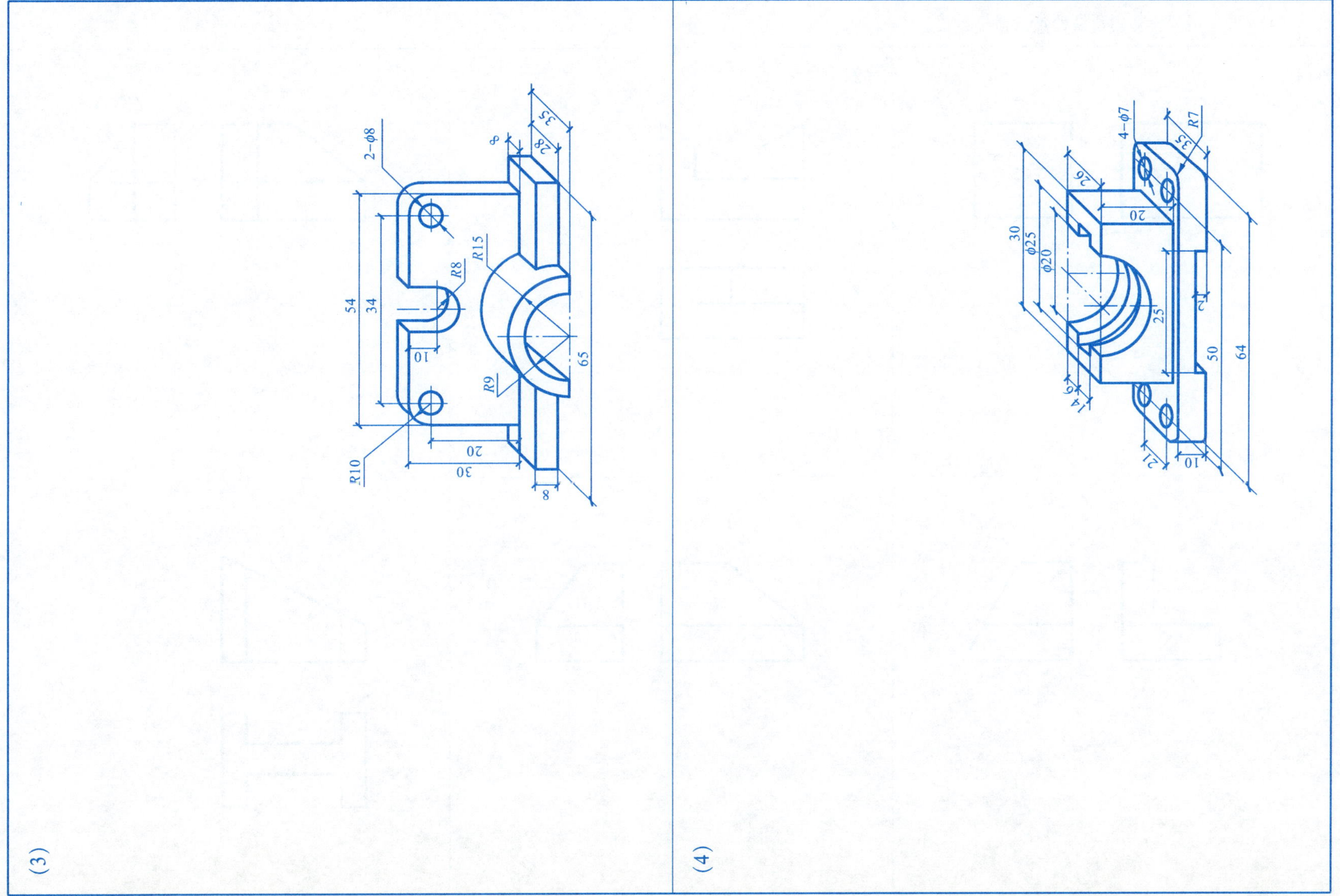
(3)
2-φ8
R8
R15
R9
R10
54
34
10
20
30
8
65
28
35
(4)
4-φ7
R7
35
26
20
30
φ25
φ20
25
2
50
64
6
14
21
10

11. 补全下列投影图所缺的第三面投影图。

(1)

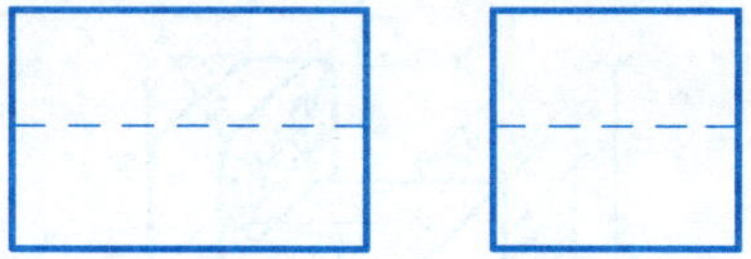

(2)

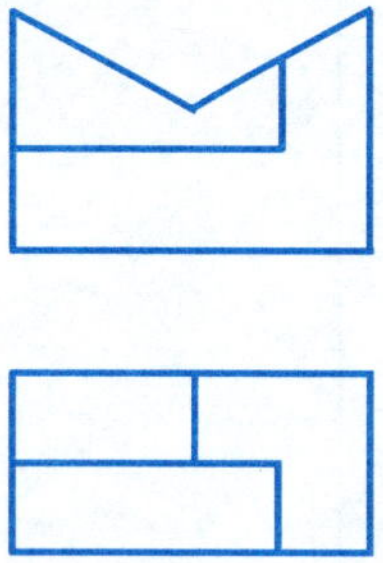

(3)

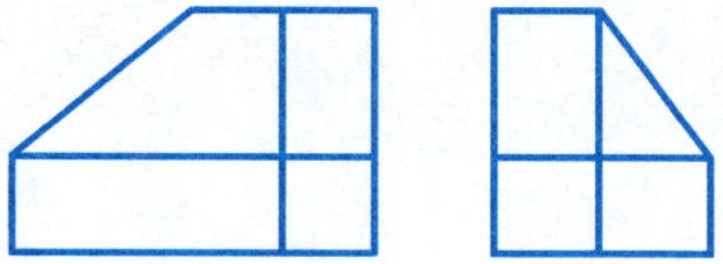

(4)

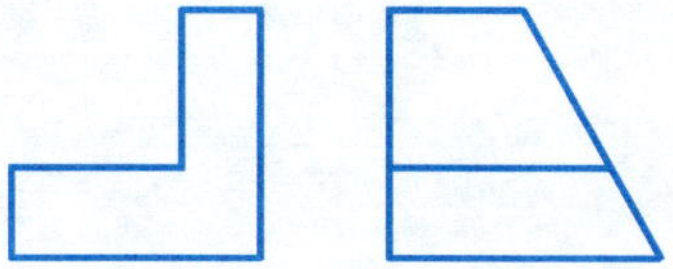

(5)

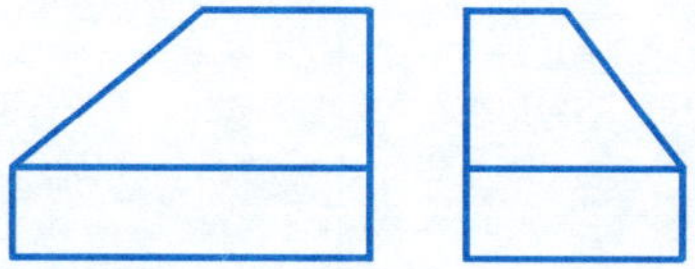

(6)

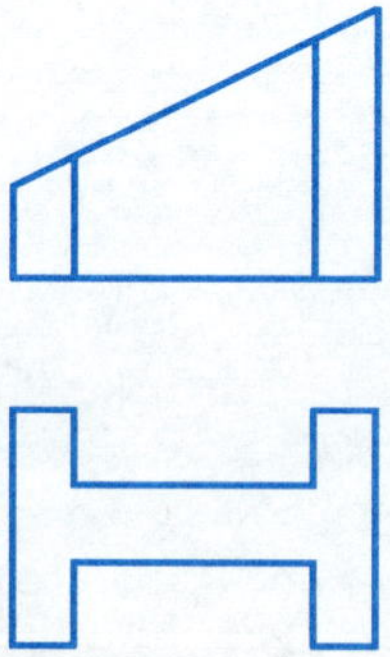

12. 补全下列投影图中所缺的图线。

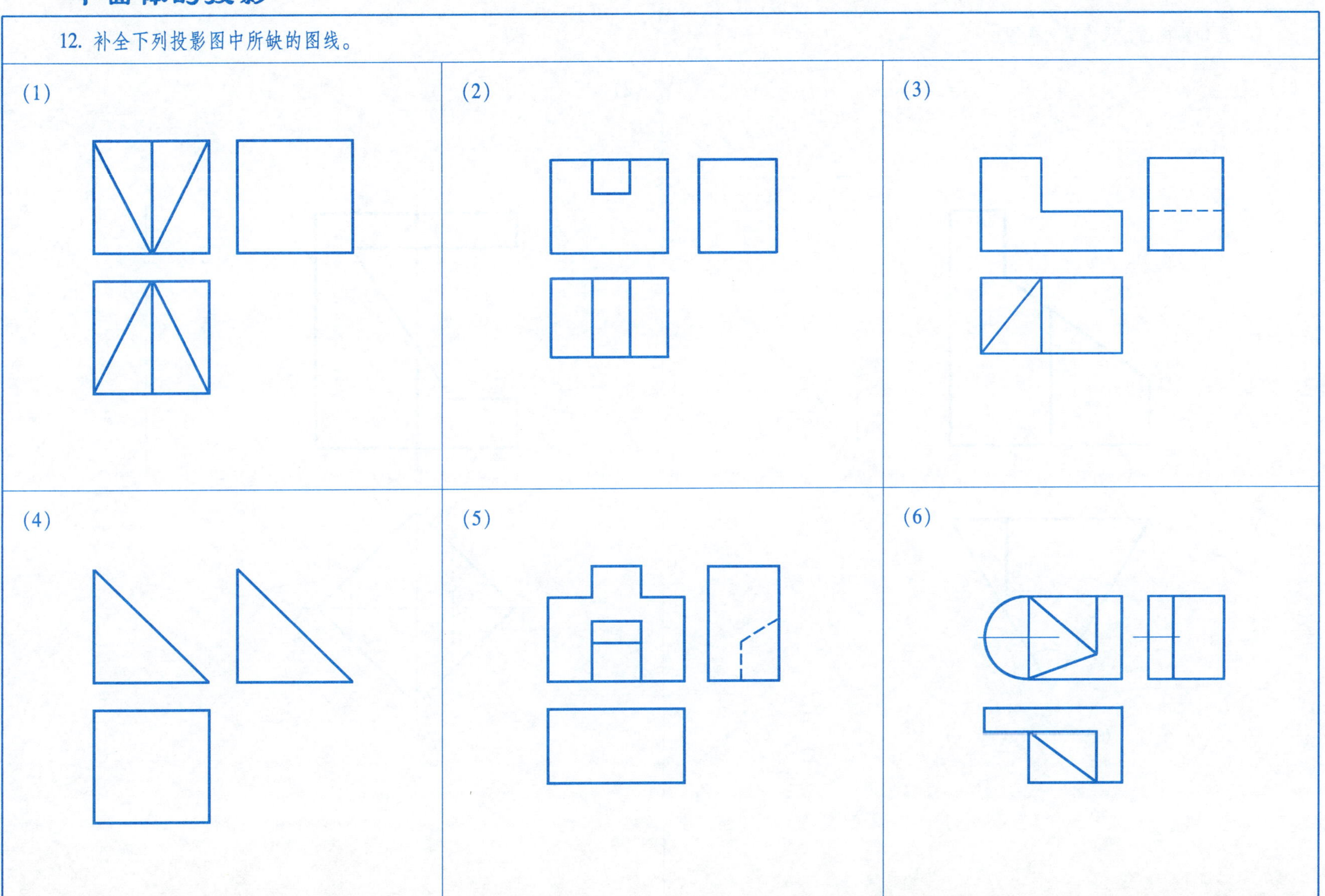

1 已知两视图，求作第三视图。

(1)

(2)

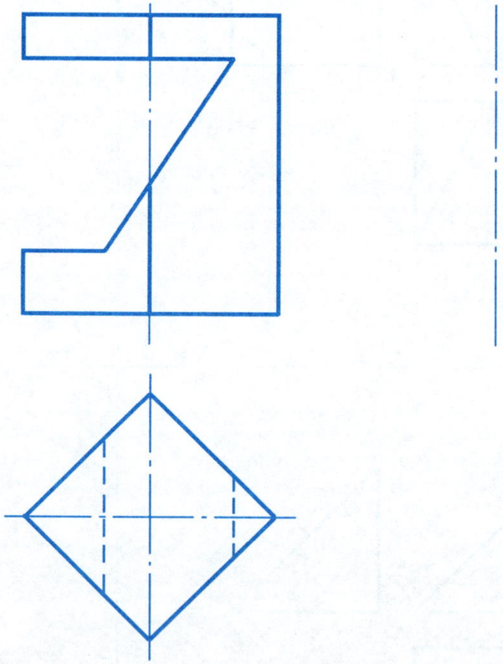

2. 补画第三视图。

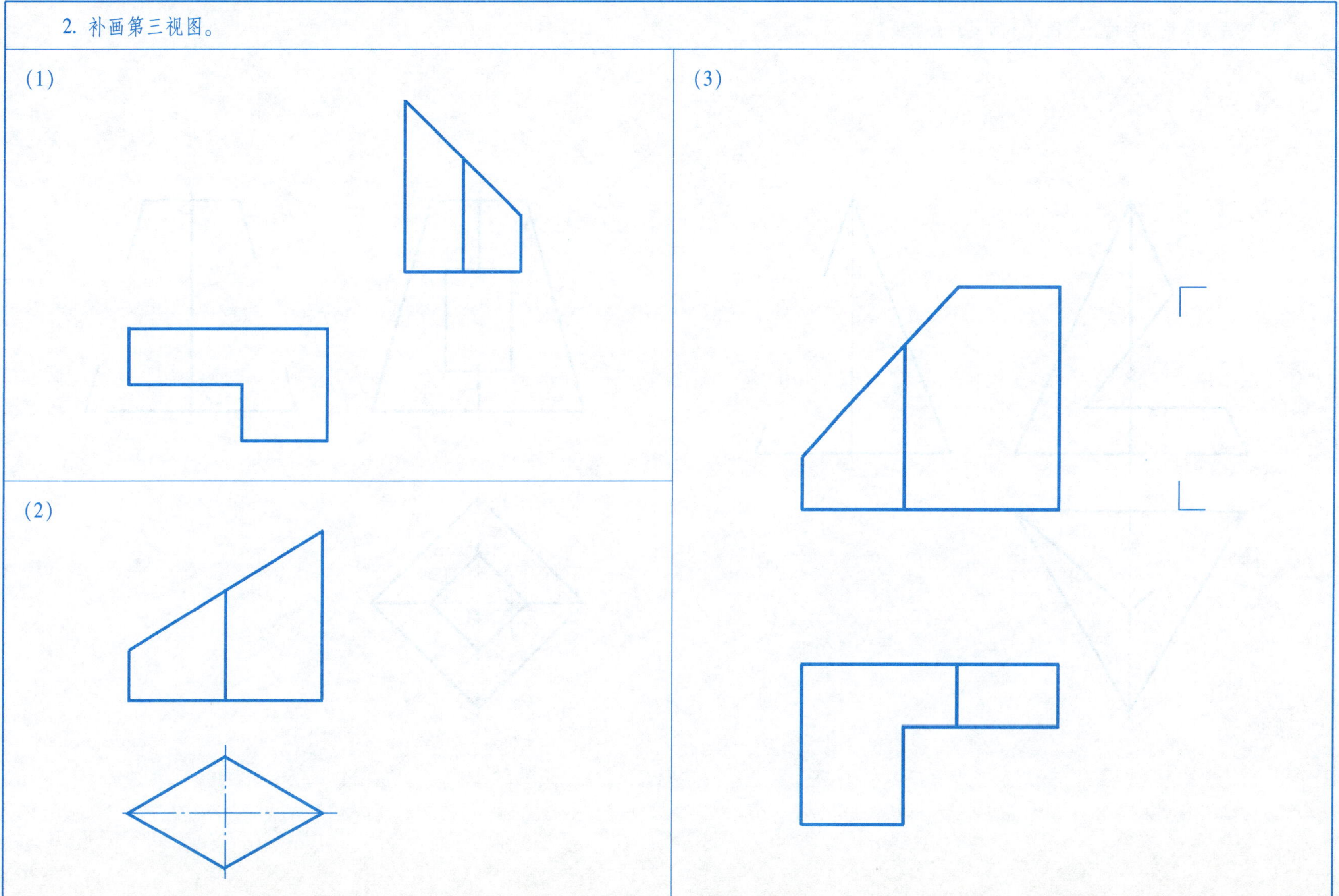

3. 完成立体截切后的三视图（不可见线画虚线）。

(1)

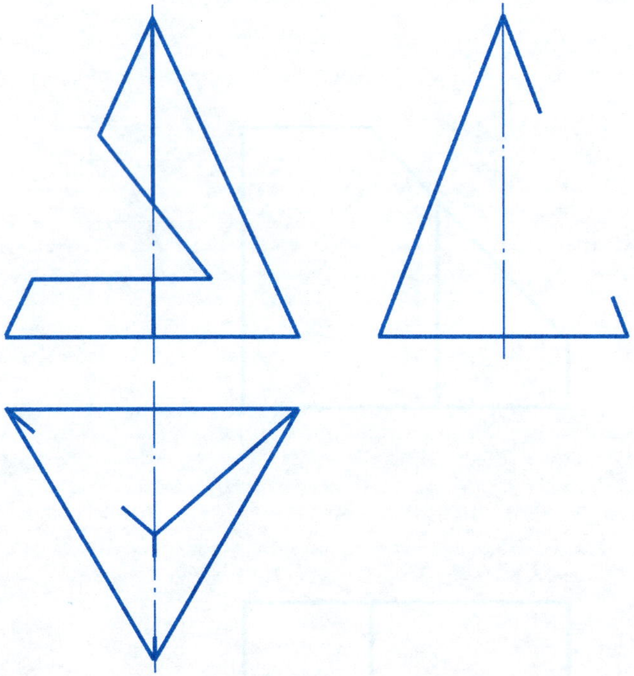

(2)

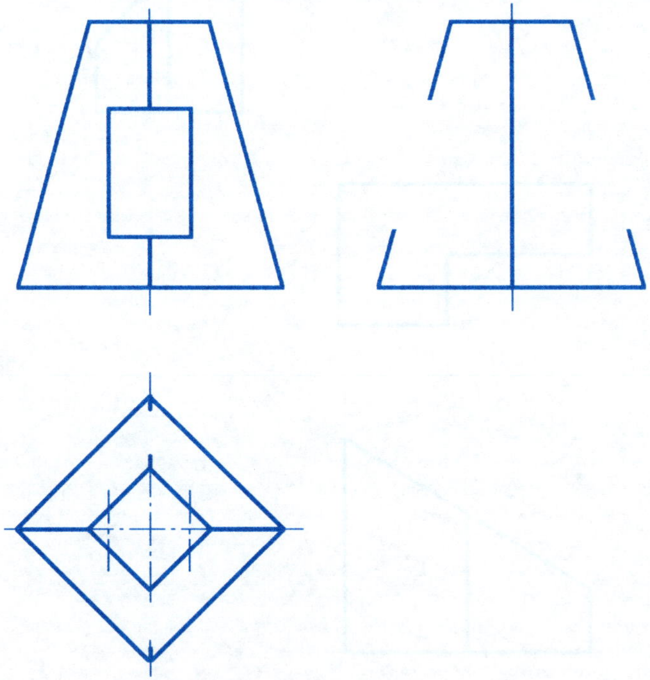

4. 完成体的第三视图。

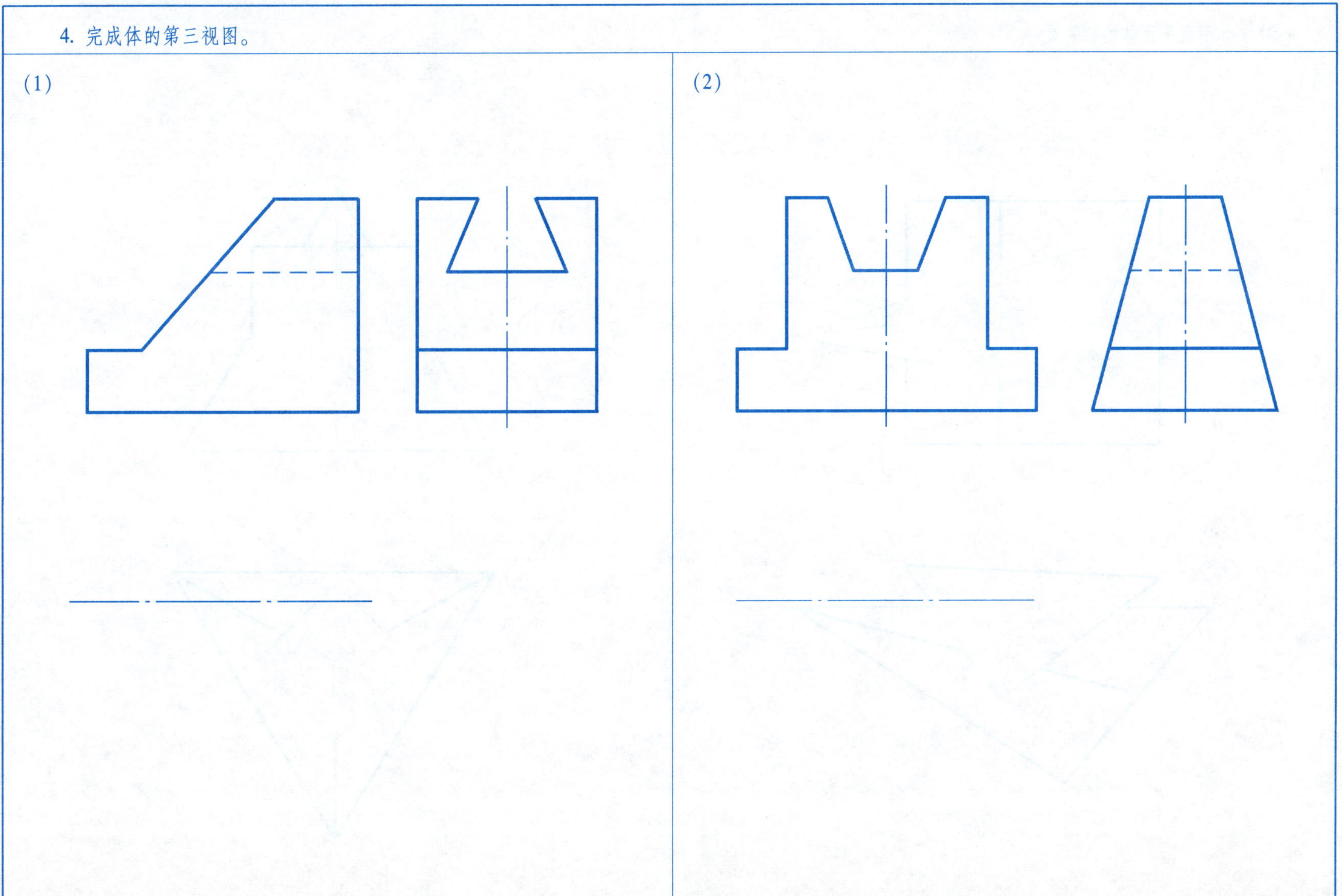

5. 求如下两平面体的相贯线。

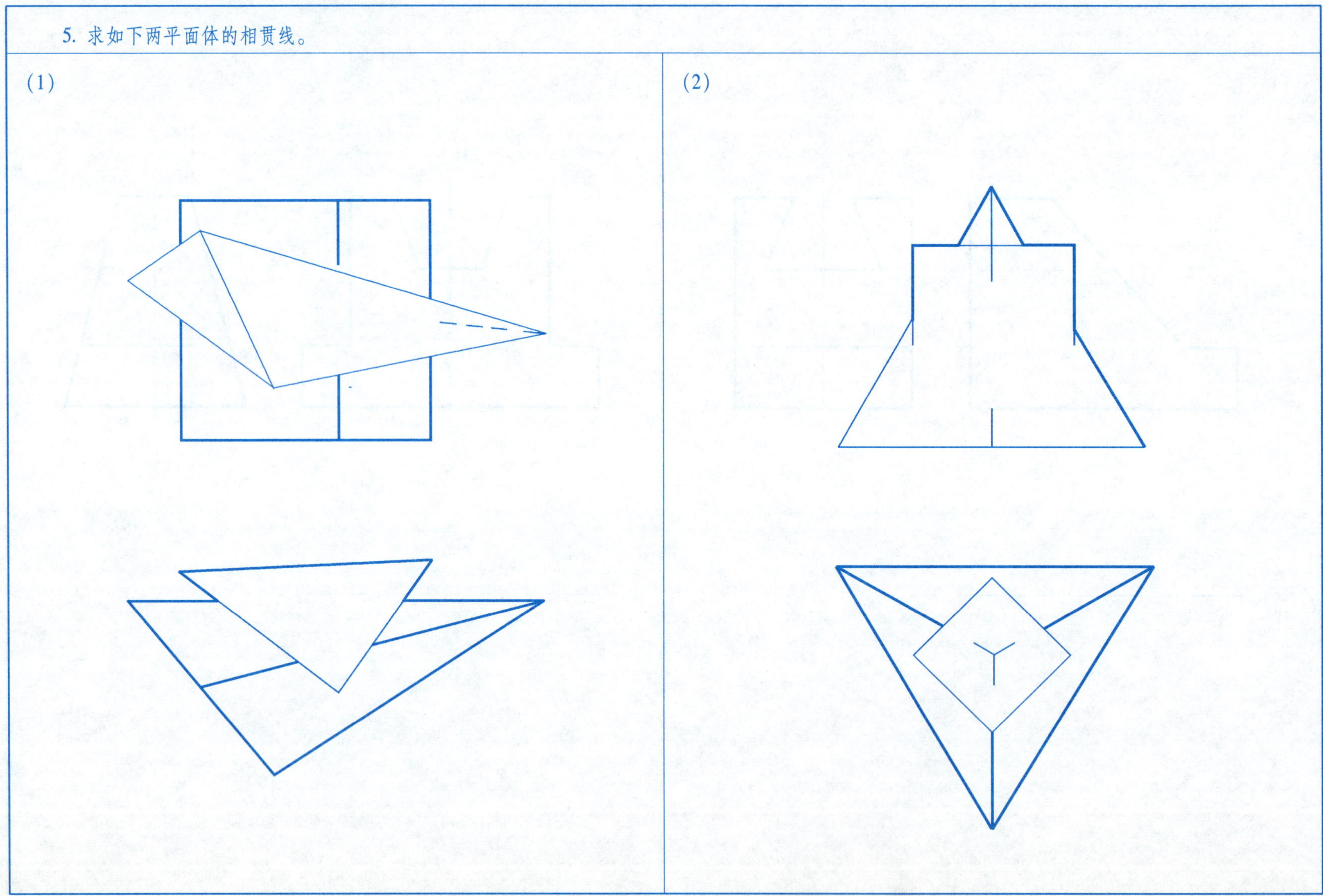

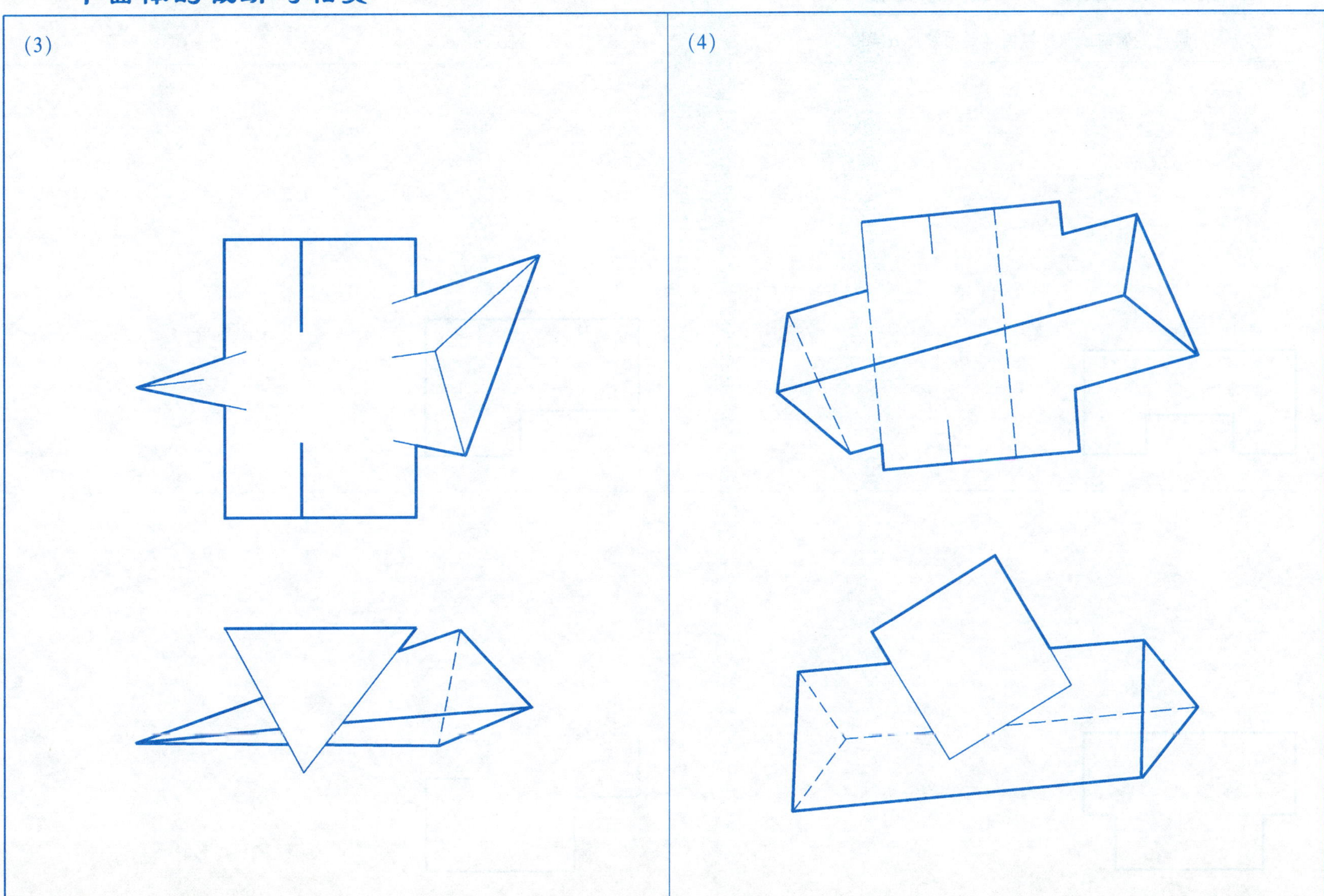
(3)
(4)

平面体的投影——同坡屋面

完成下列同坡屋面的三面投影图（屋面坡度 $\alpha=30°$）。

1.

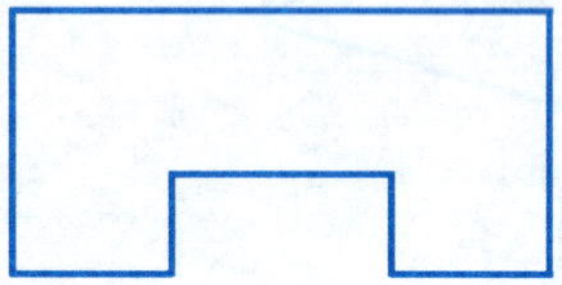

2.

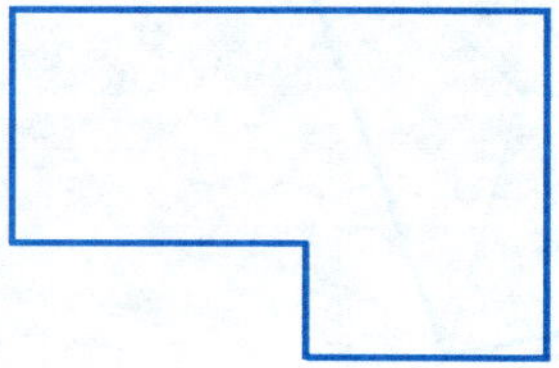

3.

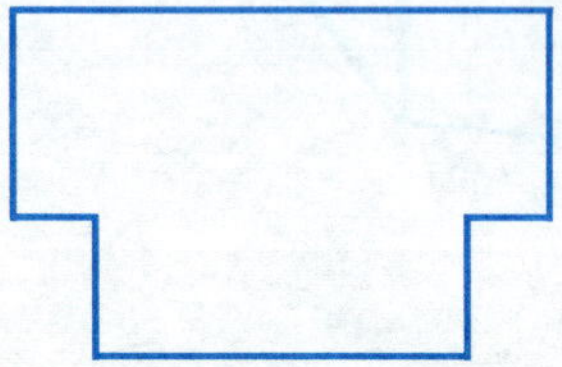

4.

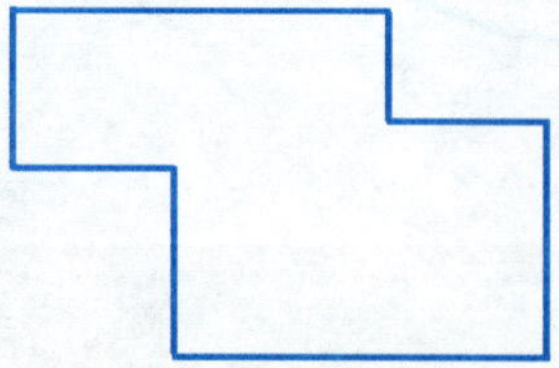

曲面体的投影

1. 根据立体图作形体的三面正投影图。

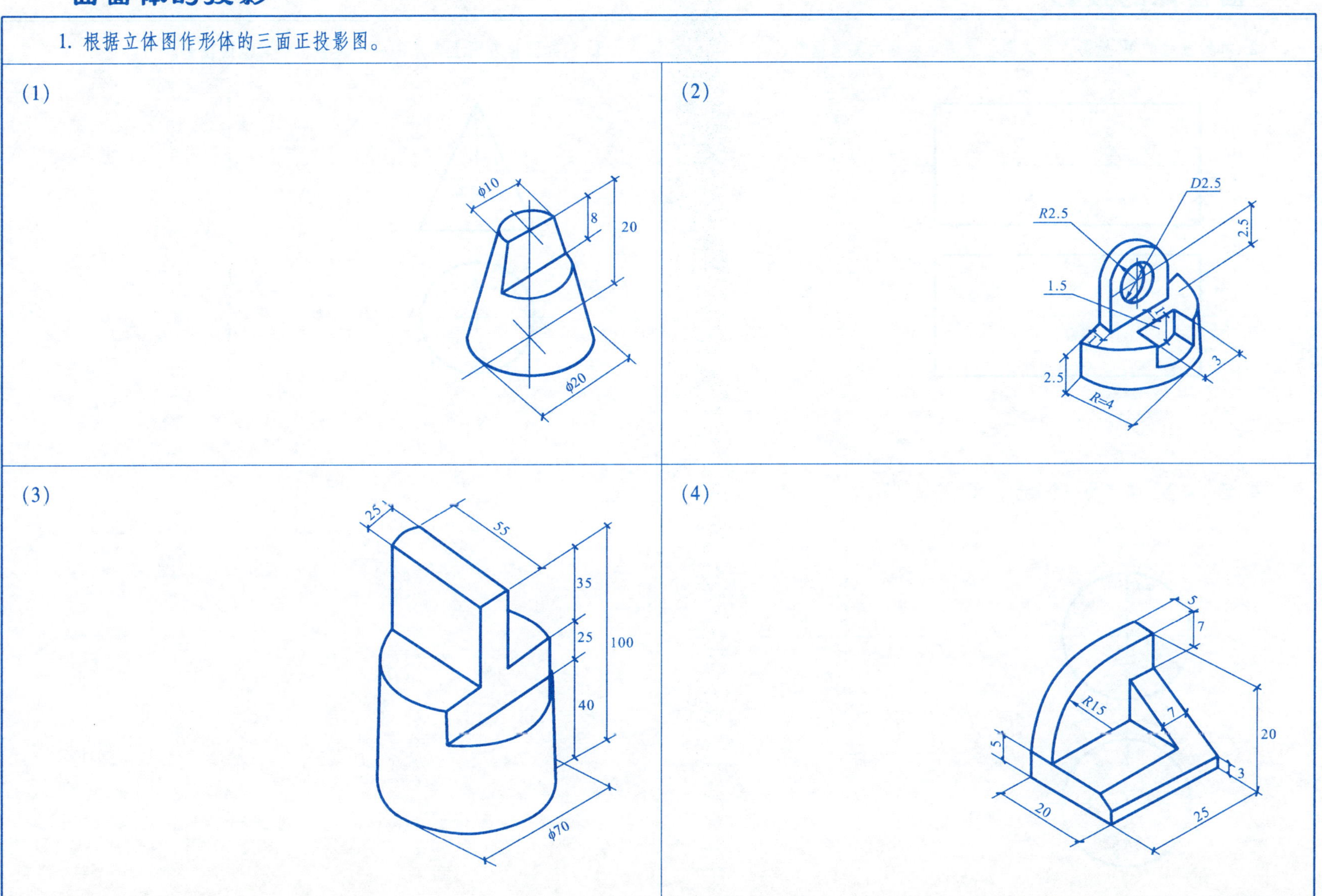

2. 补绘圆柱的 W 投影，并求圆柱表面上各点的其他投影。

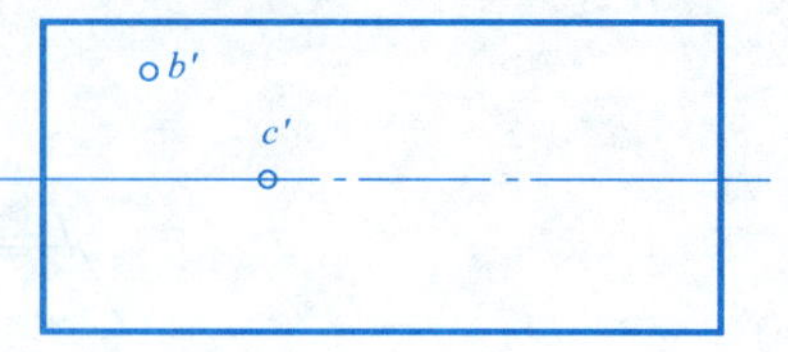

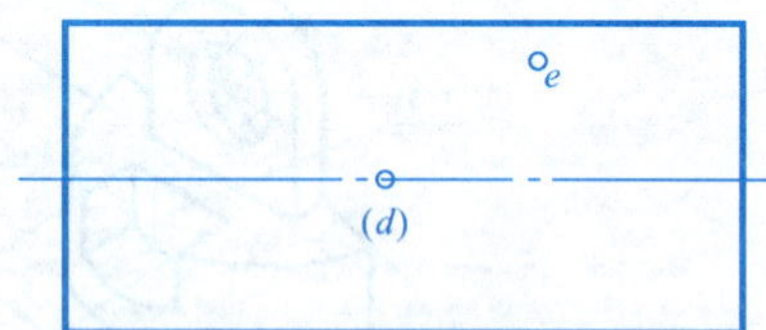

3. 已知圆锥表面上各点的一个投影，求其他两投影。

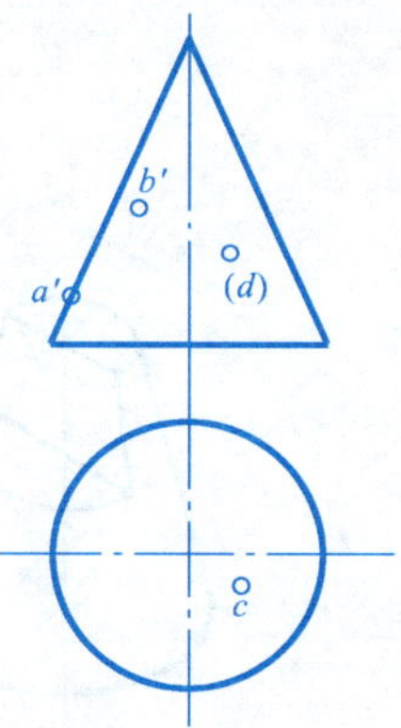

4. 已知球面上各点的一个投影，求其余两投影。

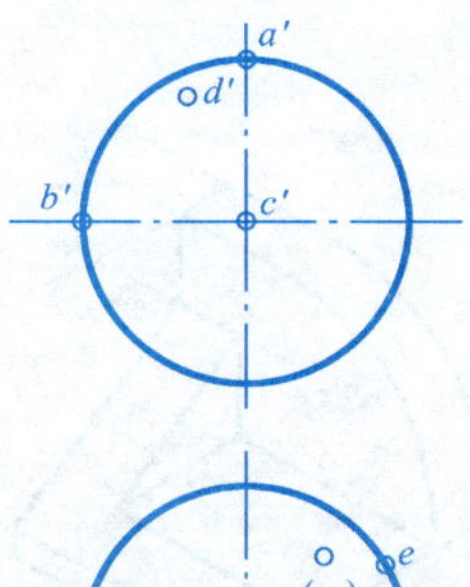

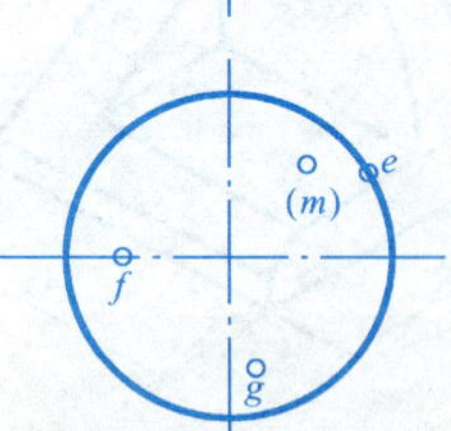

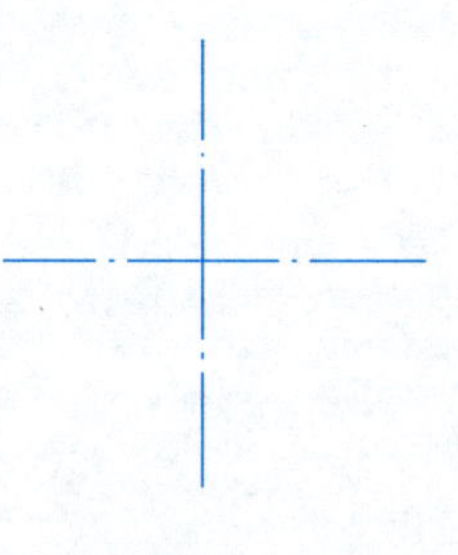

5. 补全所缺的投影图。

(1)

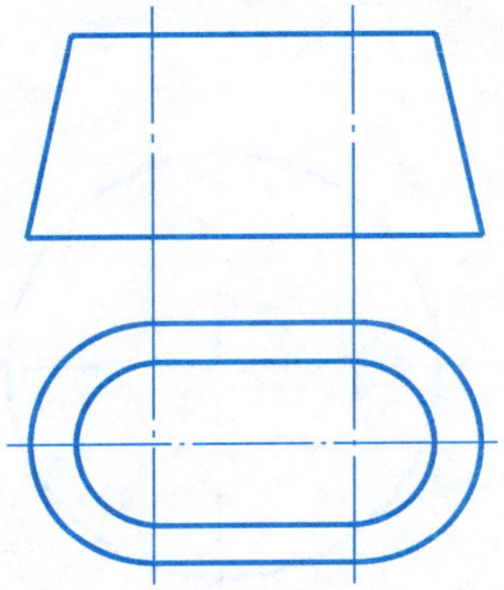

(2)

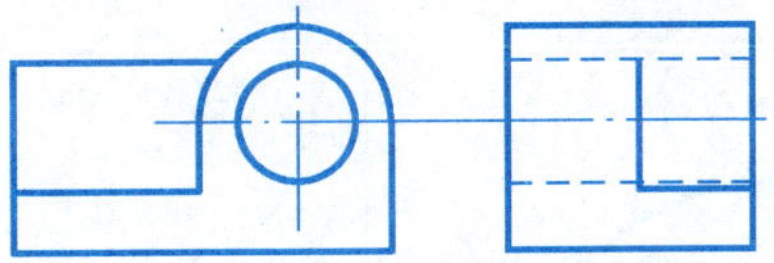

(3)

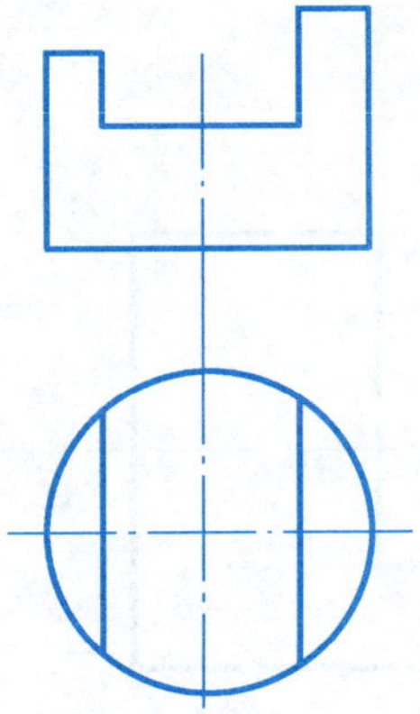

(4)

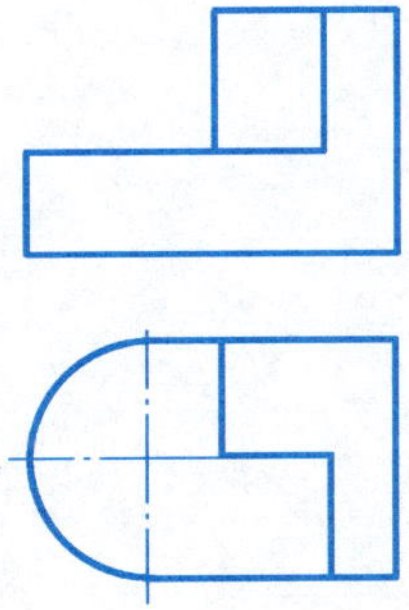

(5)

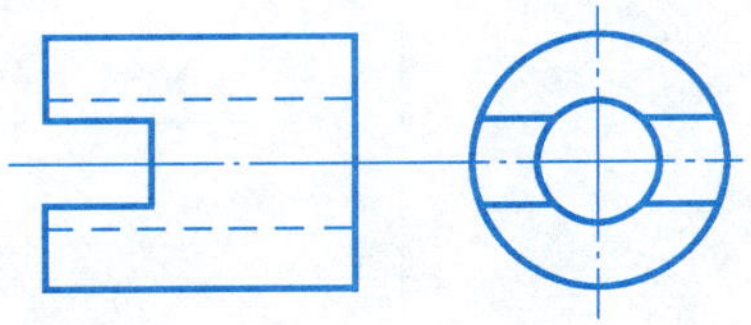

(6)

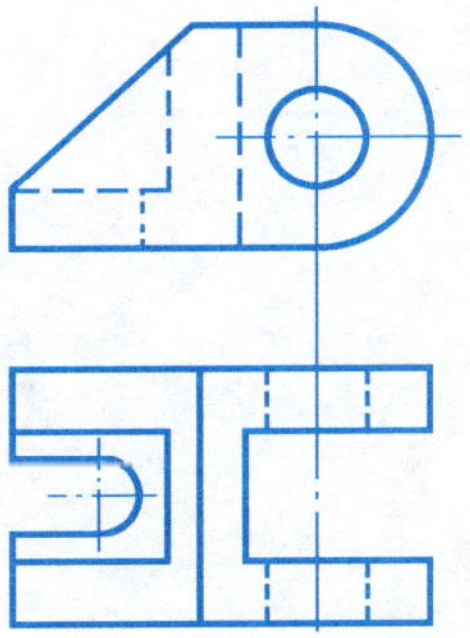

6. 完成下列体的三视图。

(1)

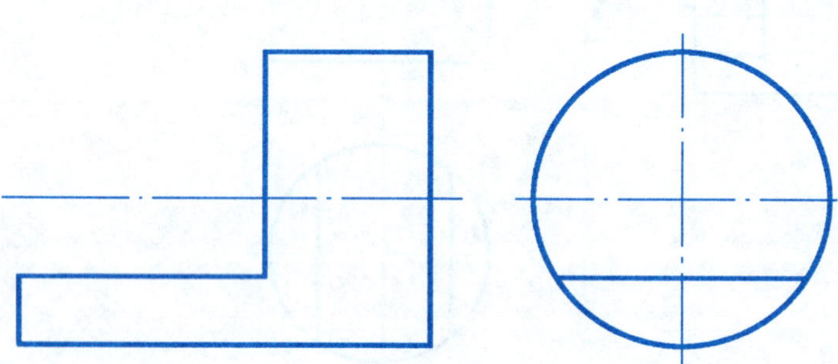

(2)

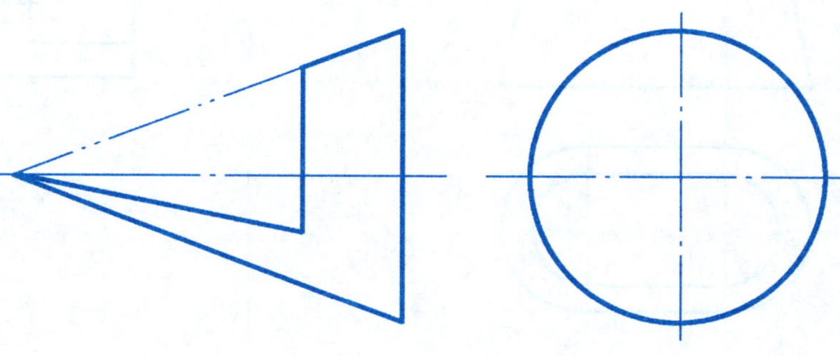

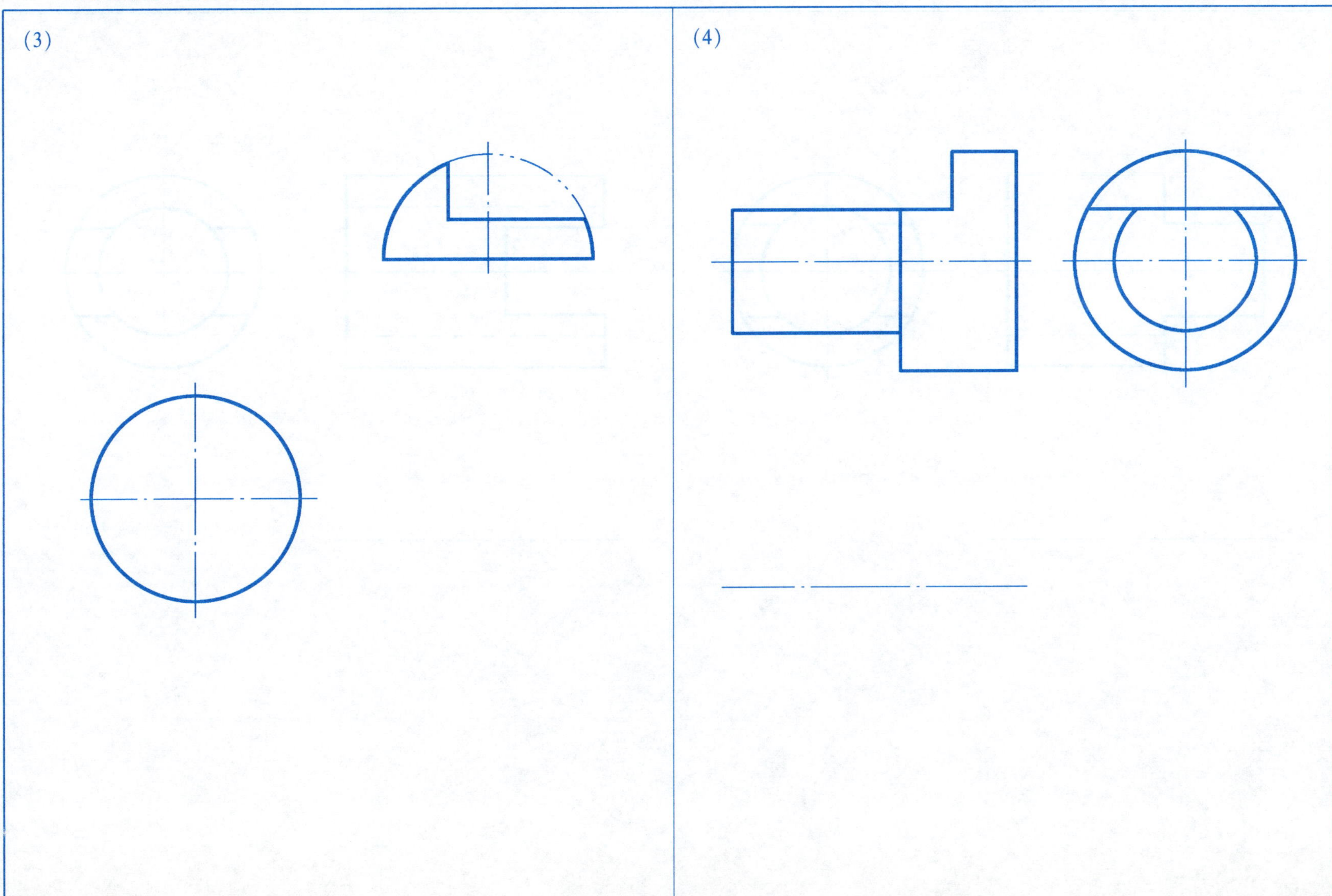
(3)
(4)

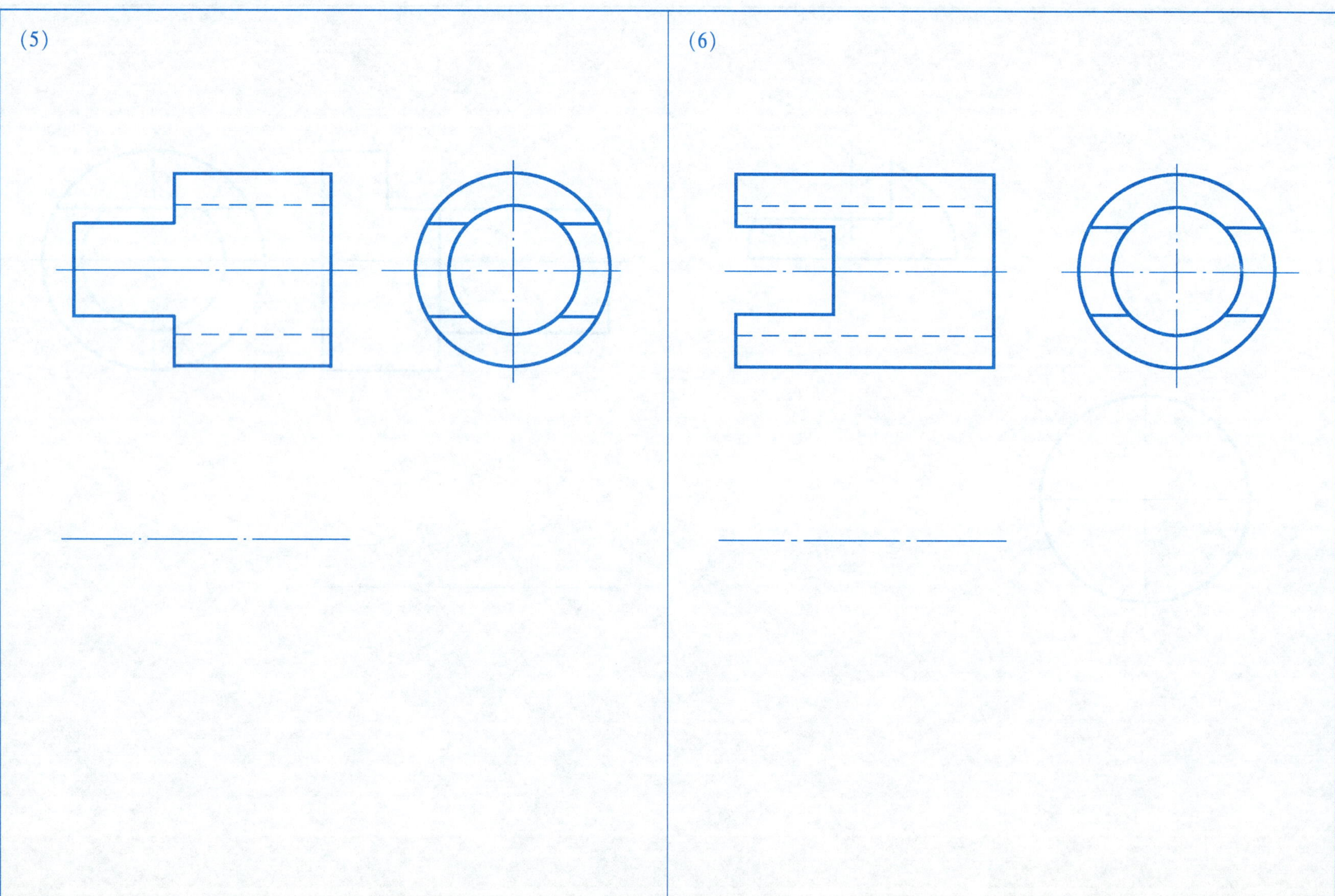
(5)
(6)

(7)

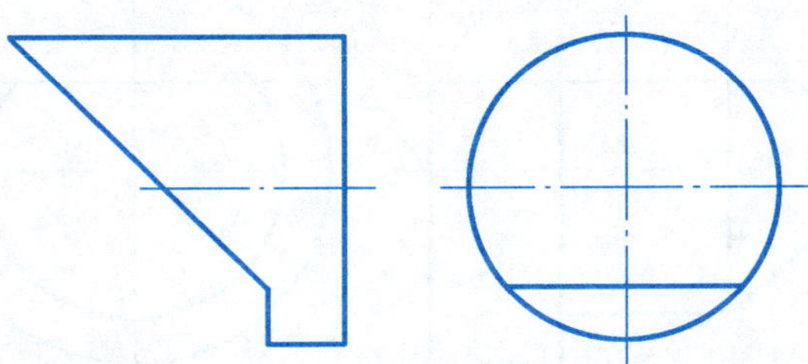

(8)

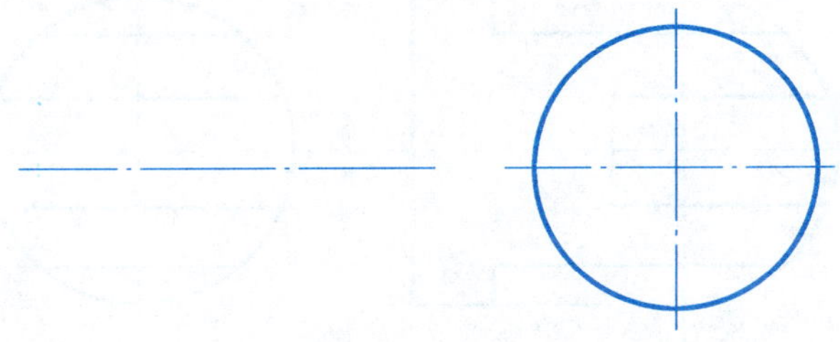

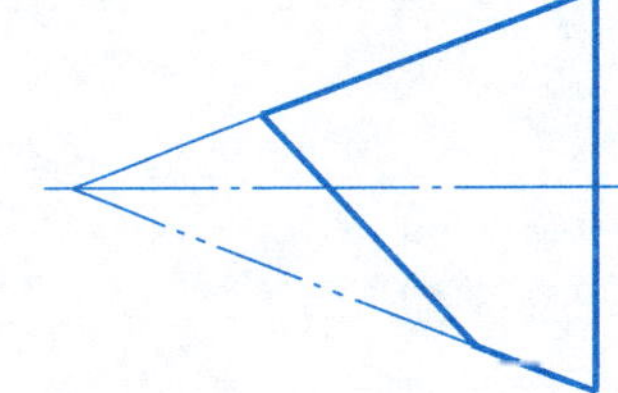

(9)

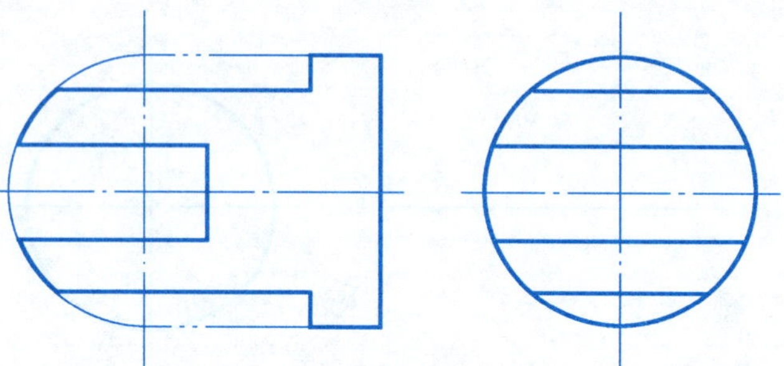

(10)

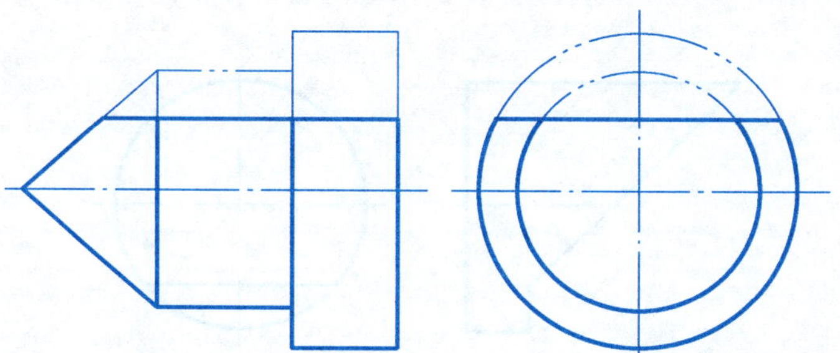

1. 补全第三面投影图，并作出两形体的相贯线。

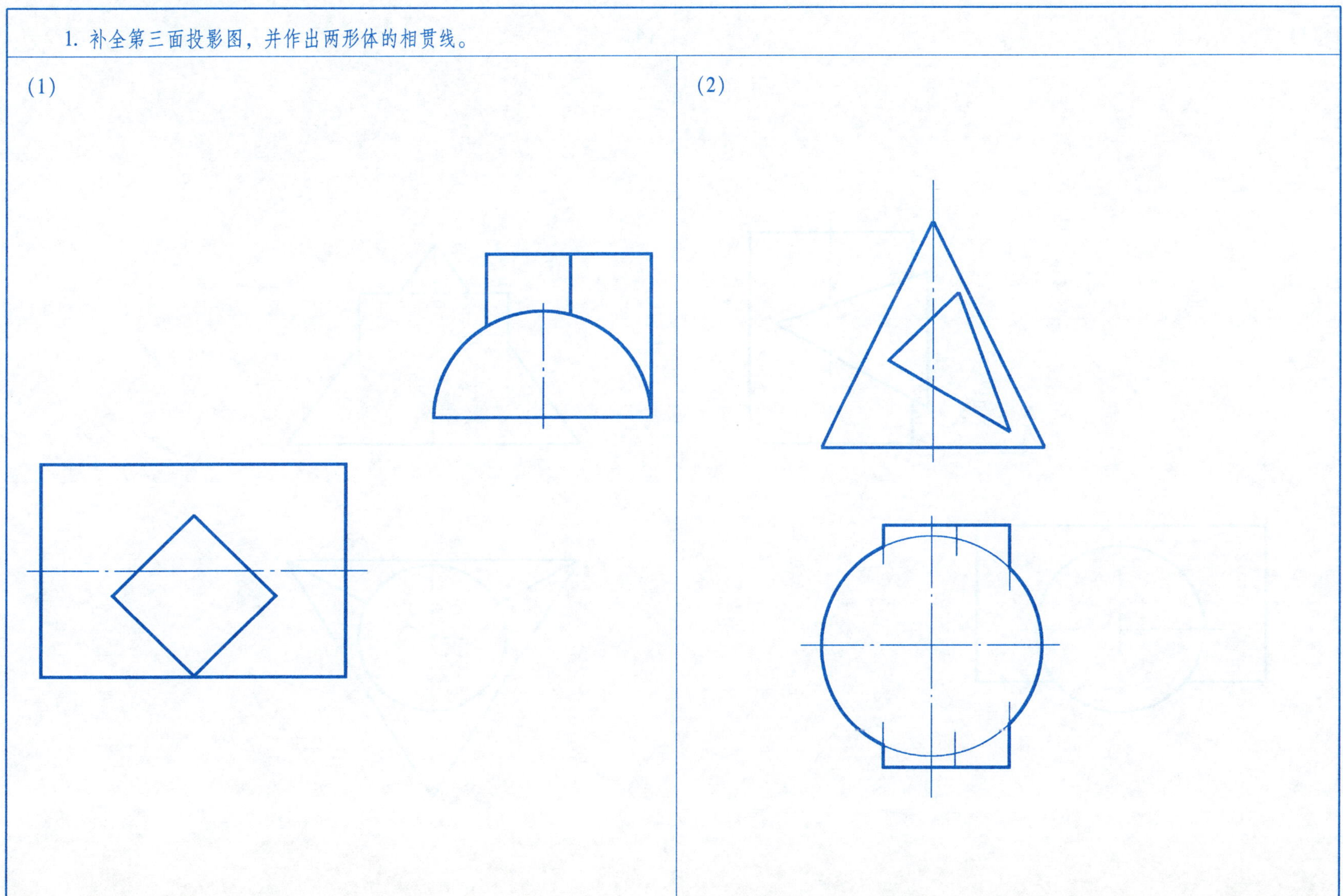

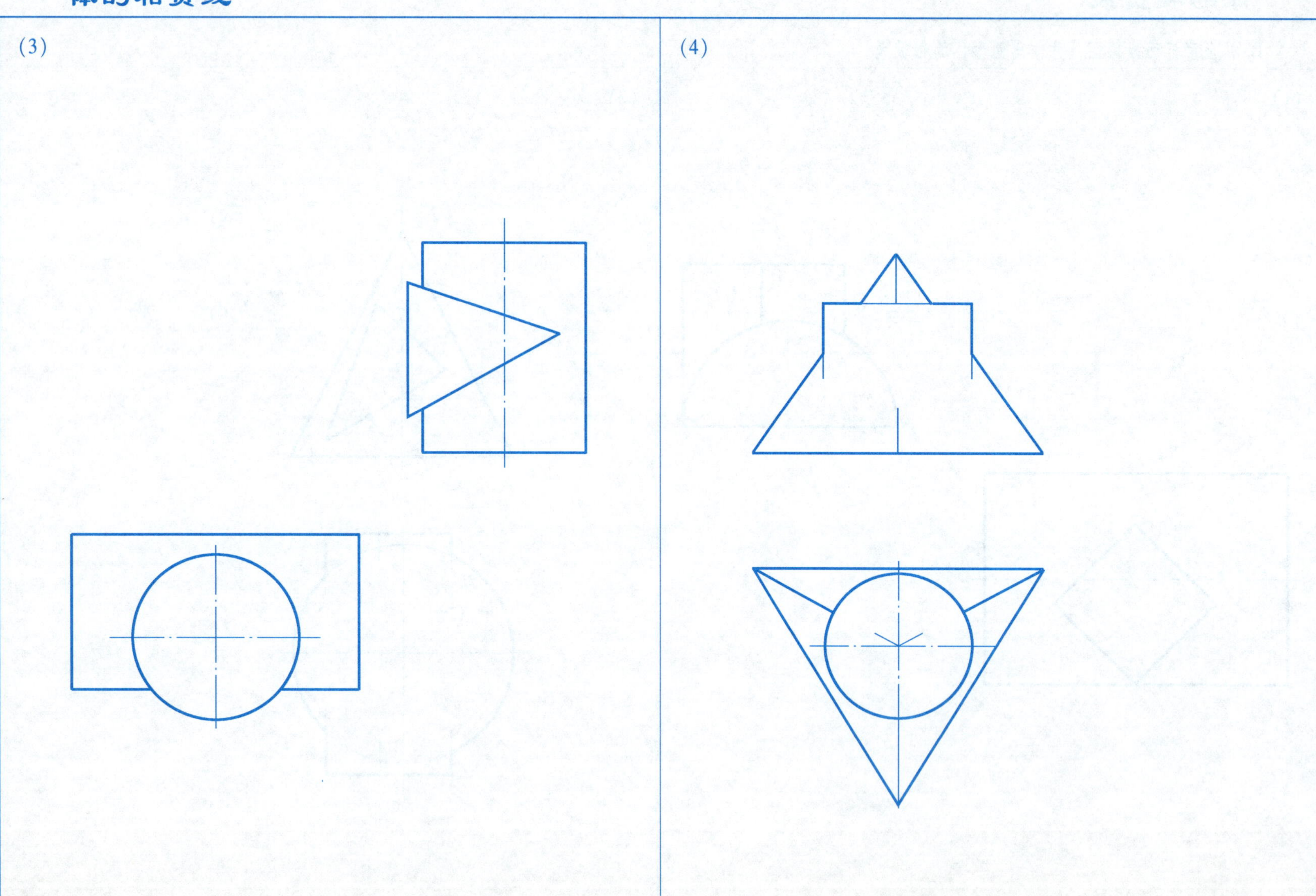
(3)
(4)

2. 完成形体的相贯线。

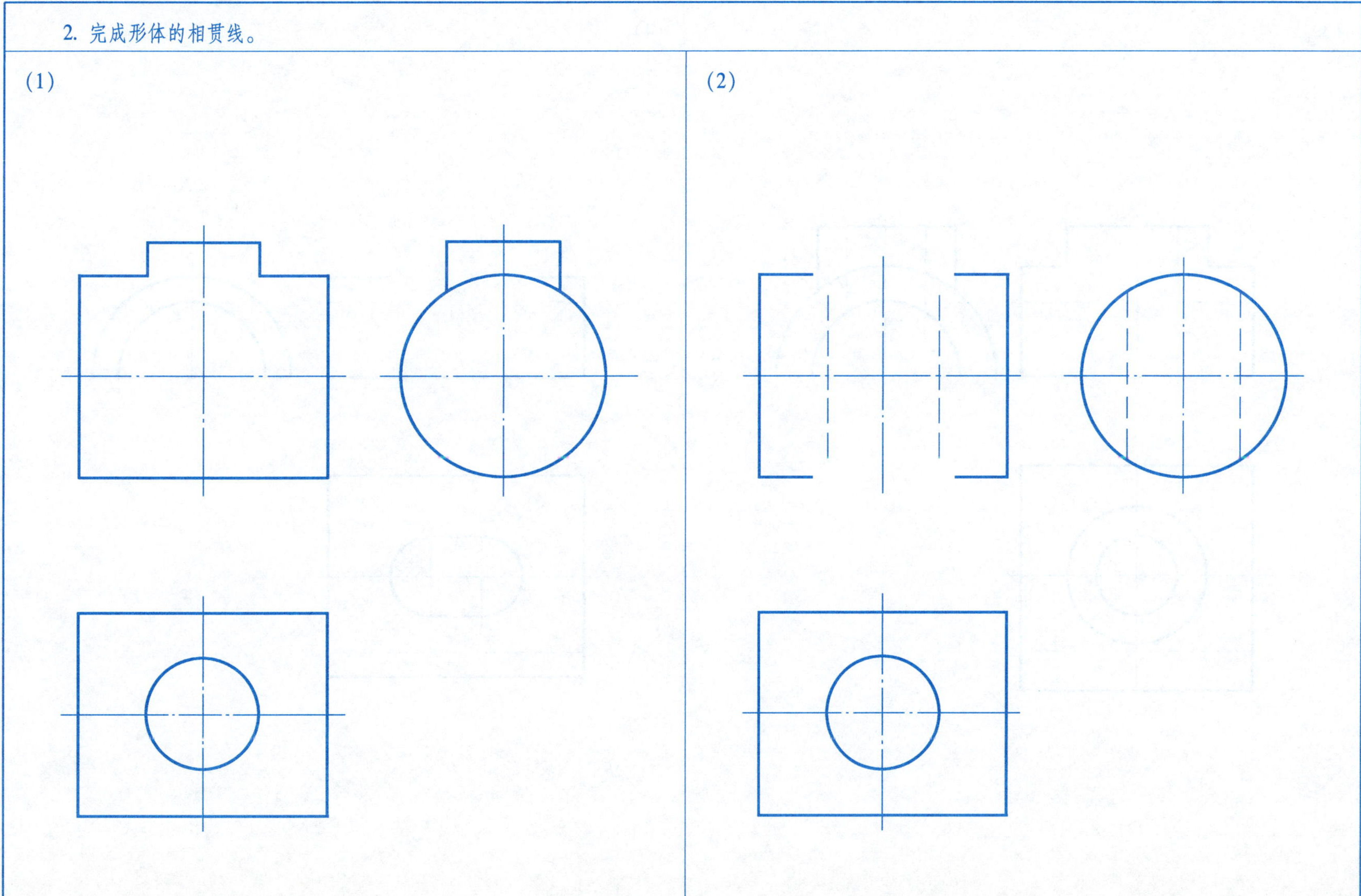

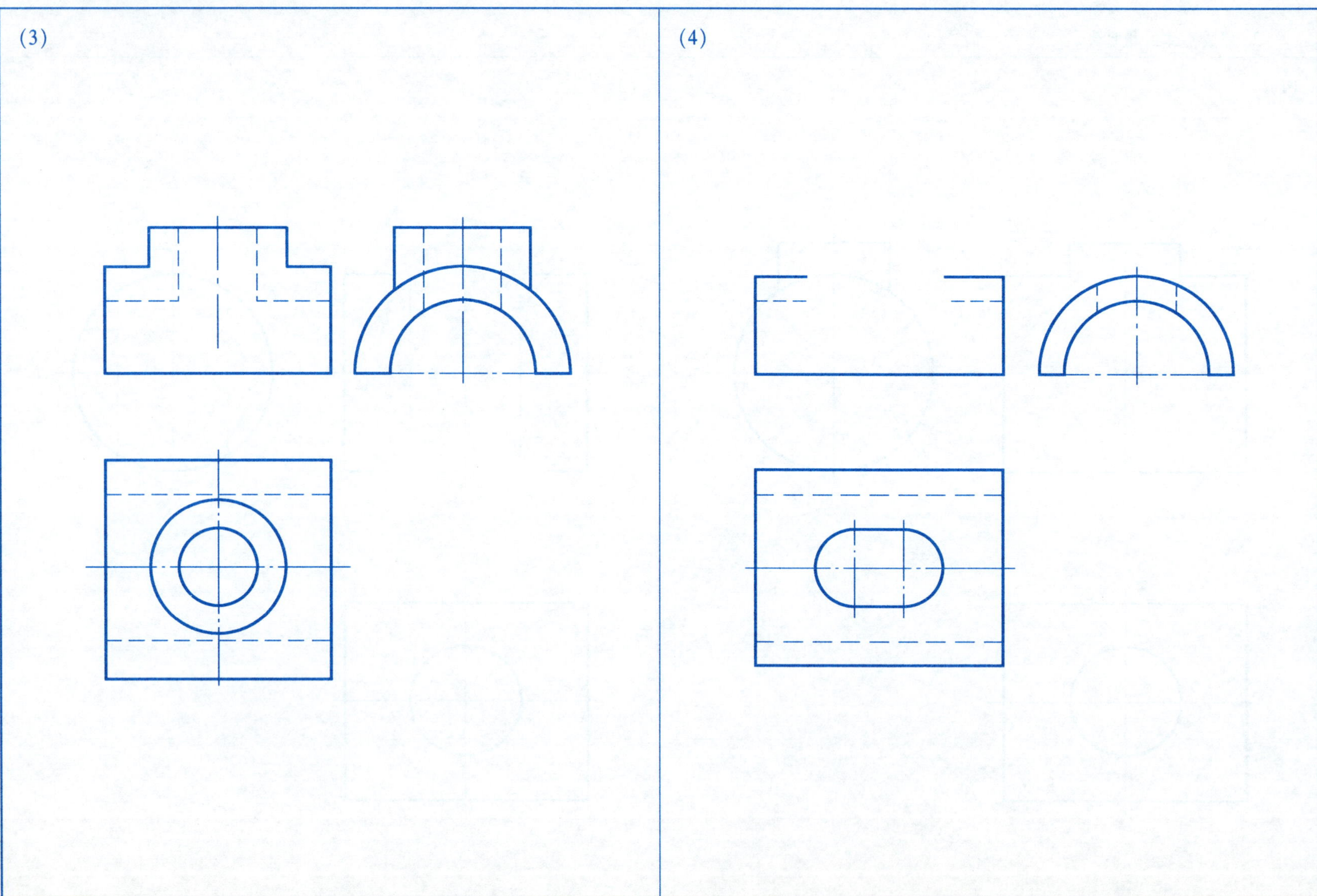
(3)
(4)

3. 求两圆柱体的相贯线。

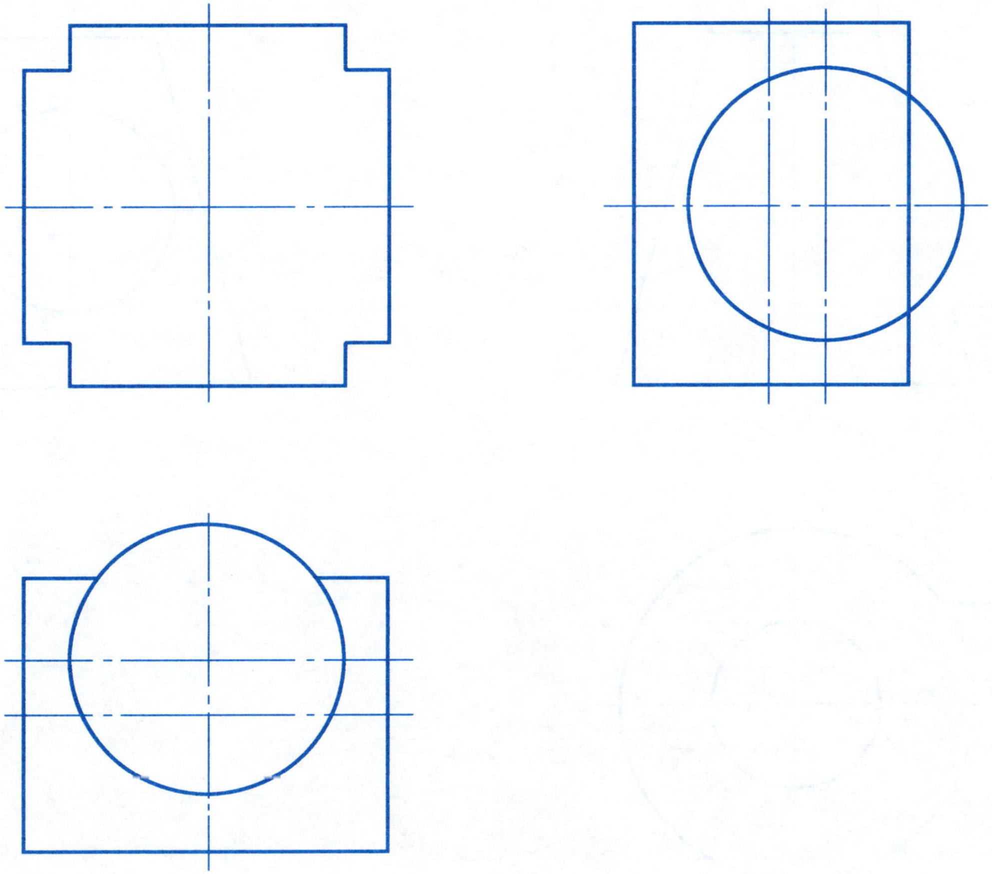

4. 求圆柱与圆锥的相贯线。

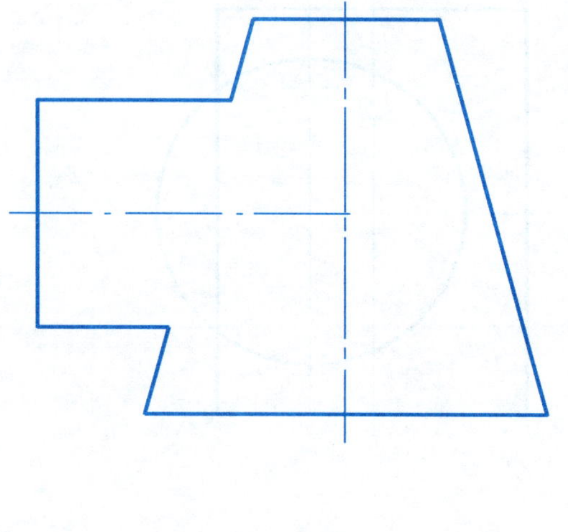

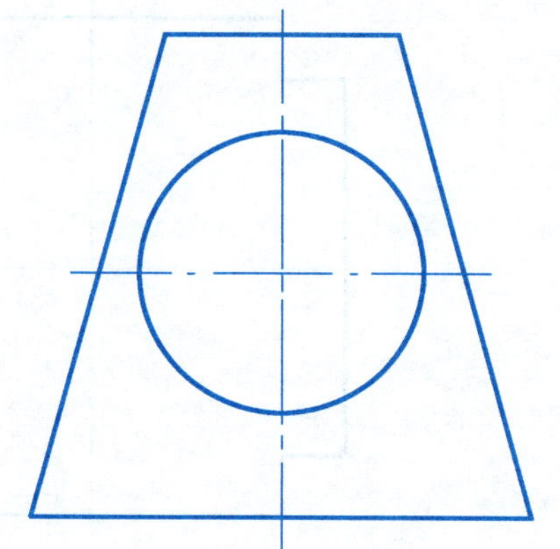

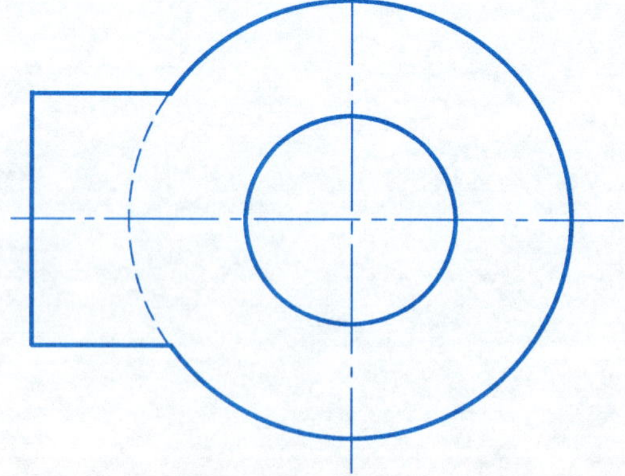

1. 根据形体的二面投影图补绘其余四面投影图。

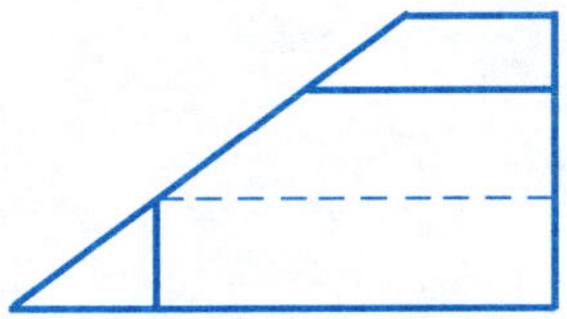

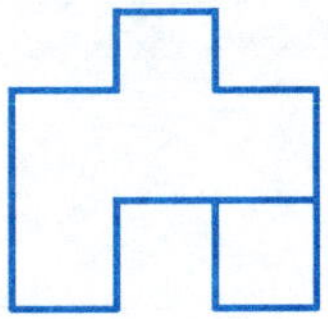

正立面图

左侧立面图

右侧立面图

平面图

底面图

背立面图

2. 根据形体的轴测图用第三角投影法作其三面投影图，尺寸图中量取比例1:1。

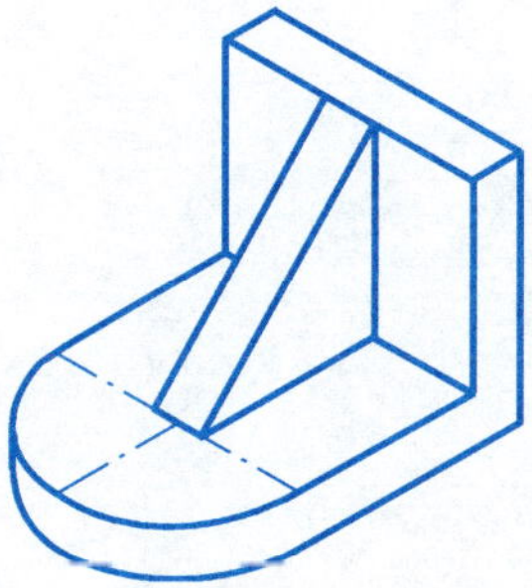

3. 根据直观图作形体的六面投影图。尺寸图中量取，比例1:1。

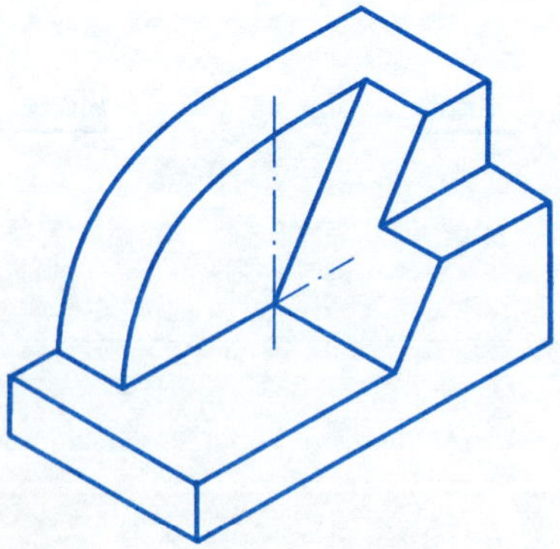

4. 在指定的位置作形体的剖面图。

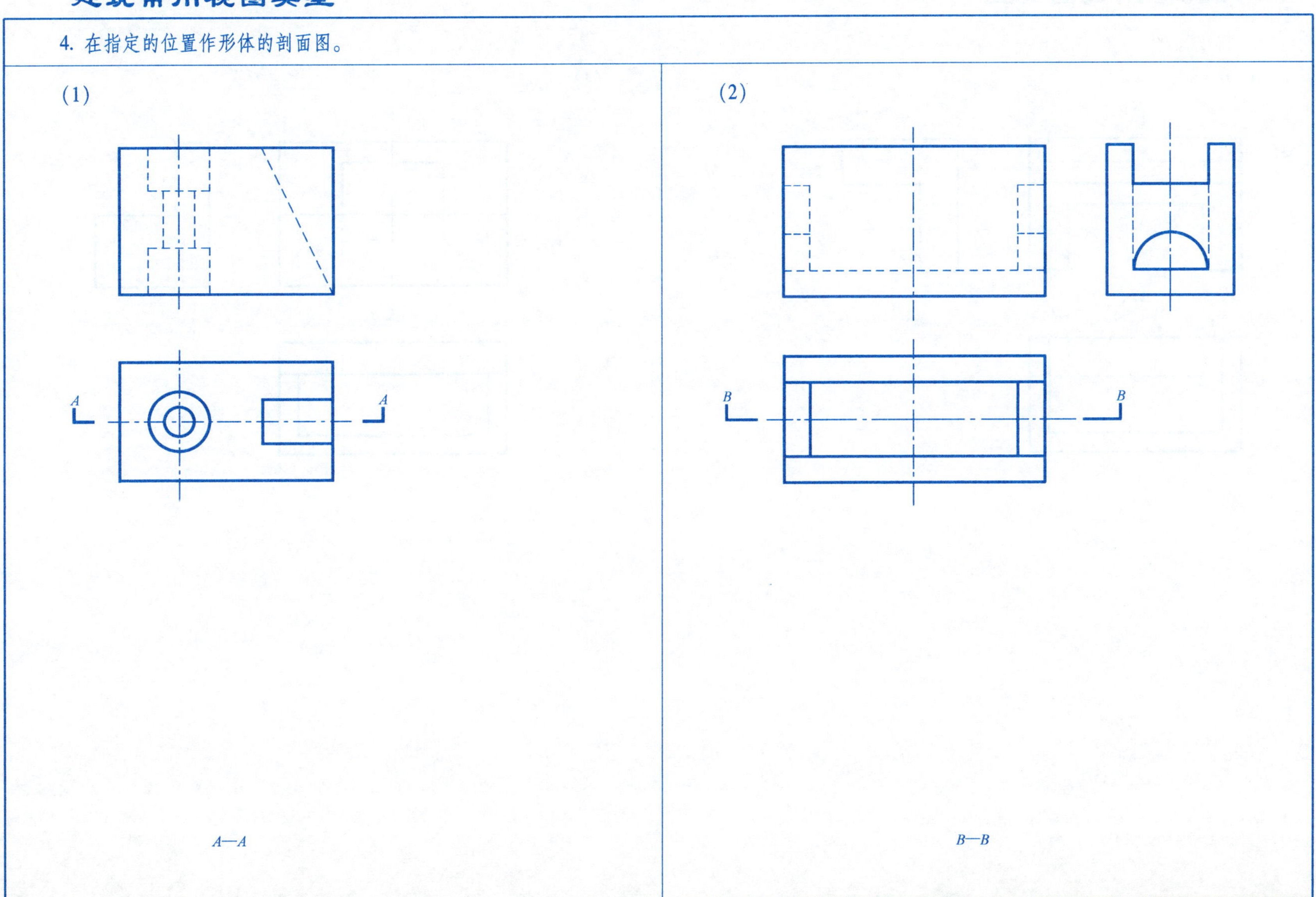

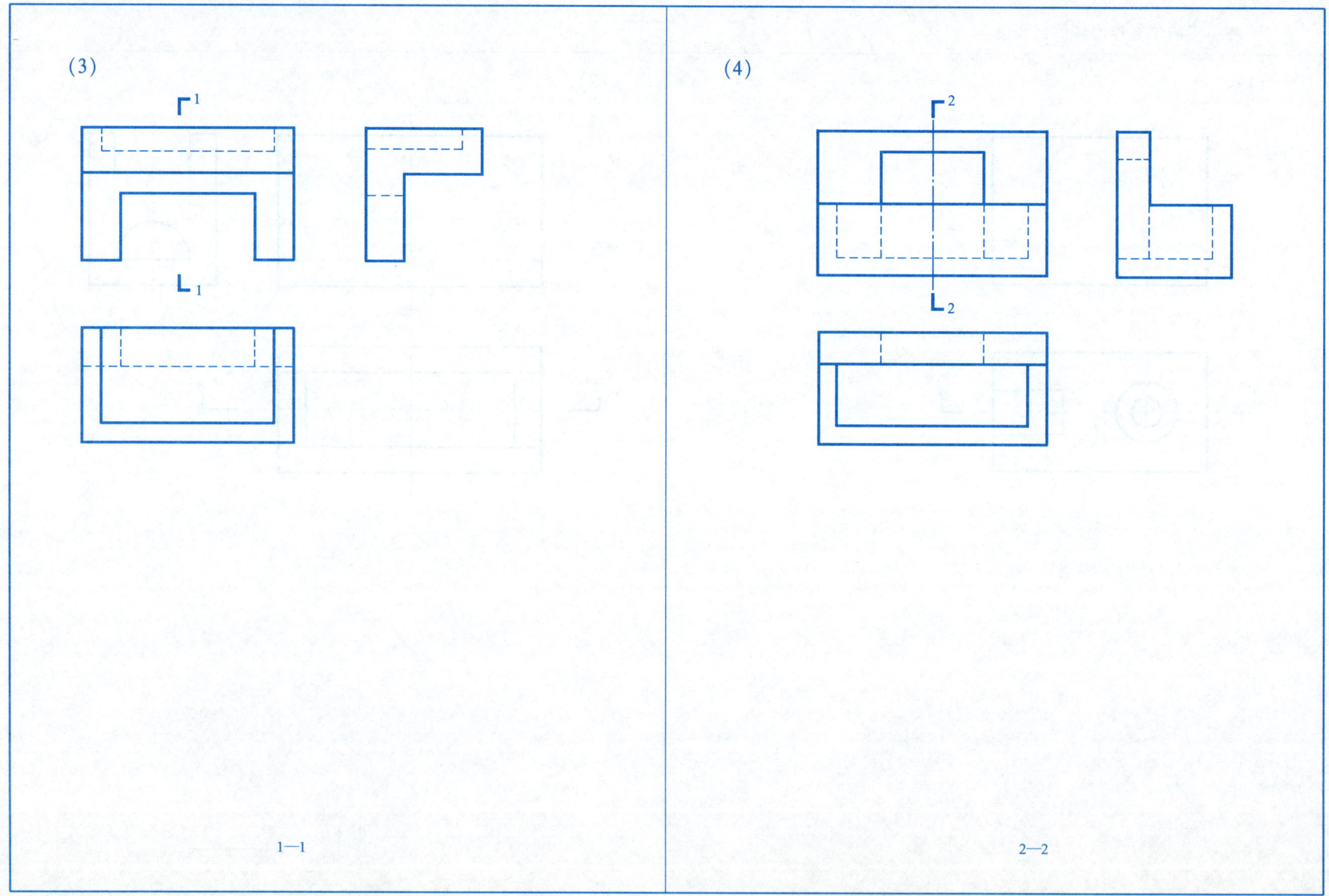
(3)
1
1
1—1
(4)
2
2
2—2

5. 画出侧立面图，再把正、侧立面图画成适当的剖面图。

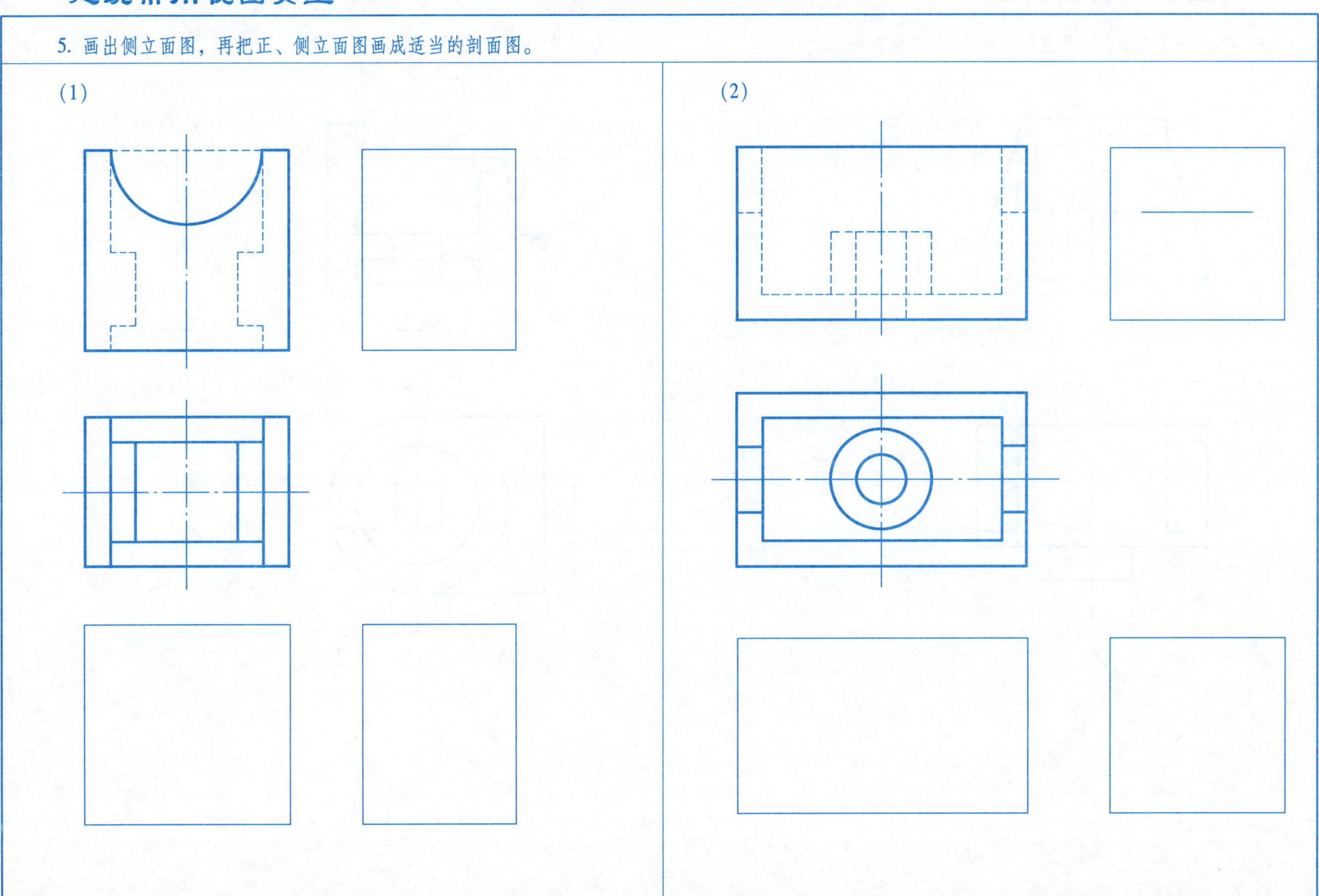

6. 作出1—1剖面图，并把正立面图改成半剖面图。

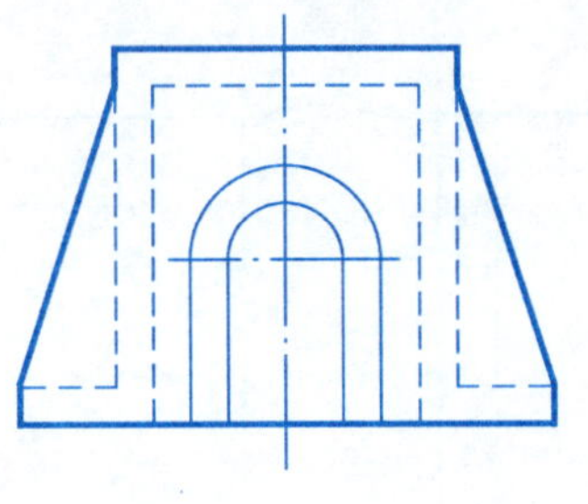

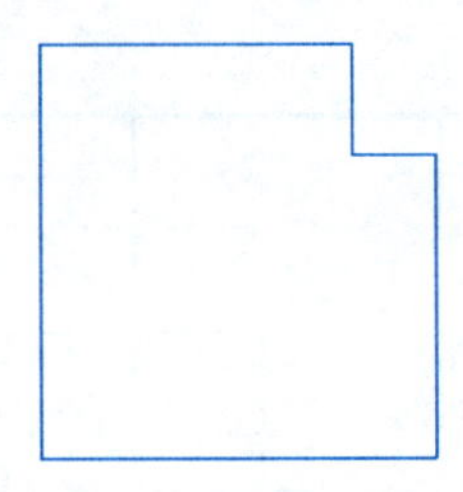

1—1

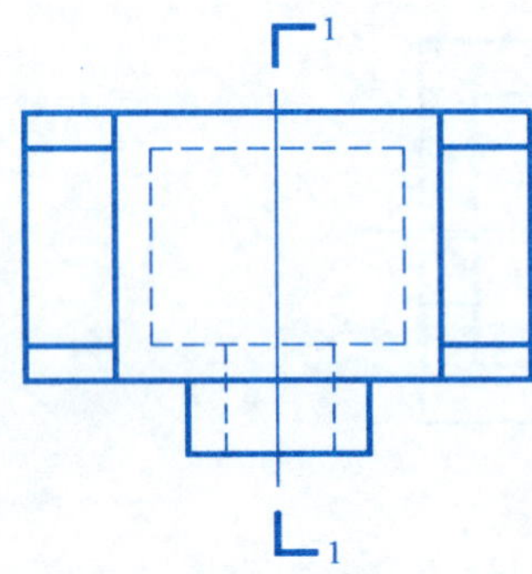

7. 作出1—1半剖面图。

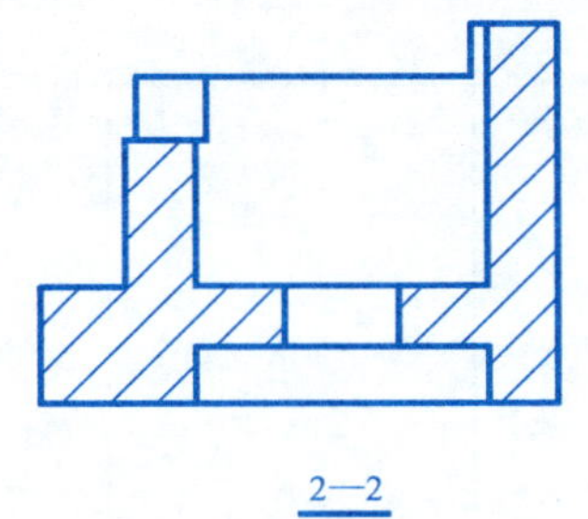

2—2

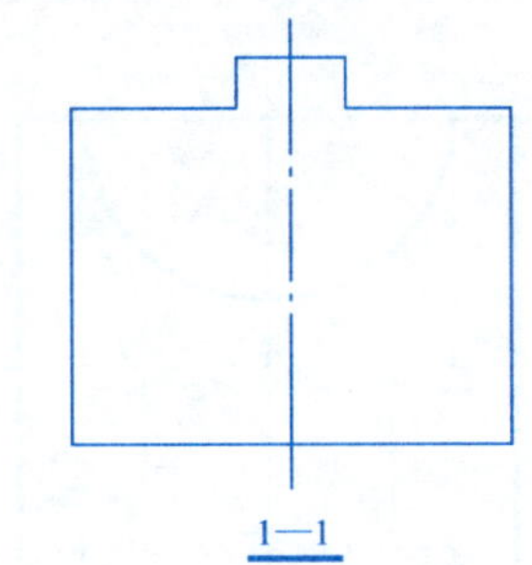

1—1

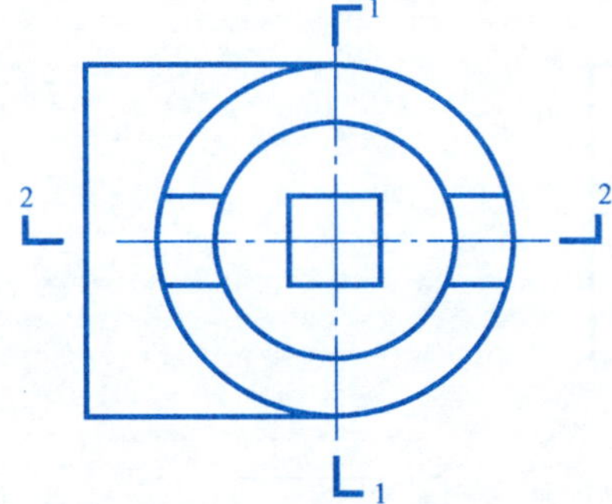

8. 作出1—1、2—2剖面图。

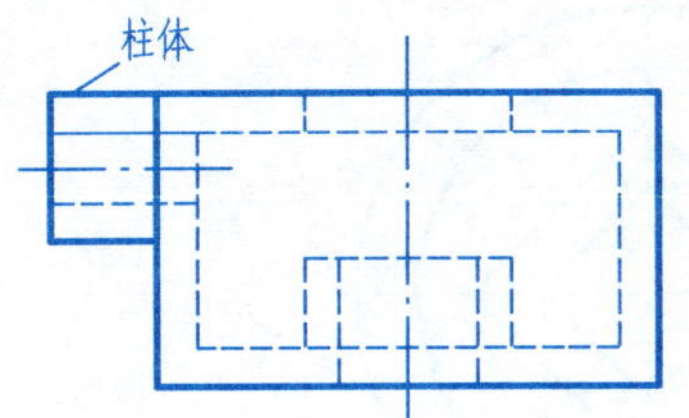

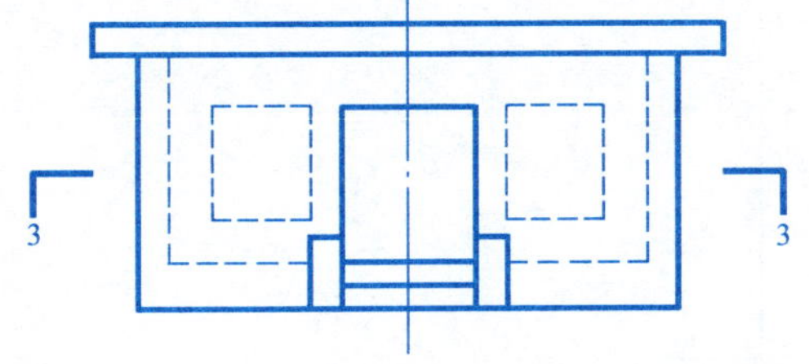

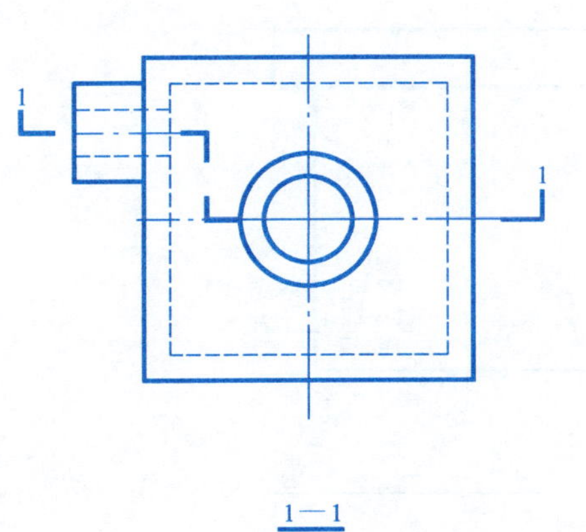

1—1

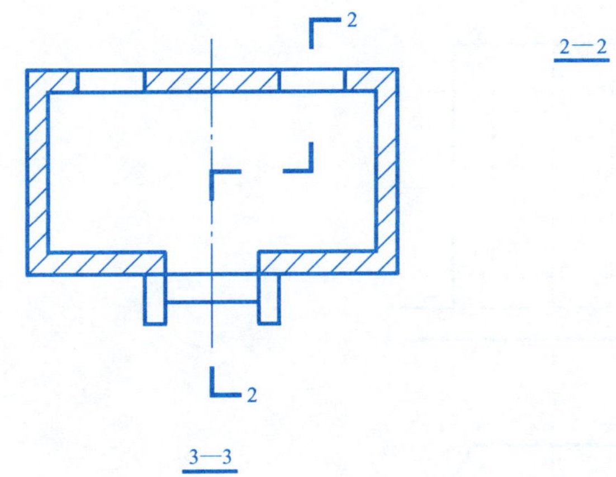

3—3

2—2

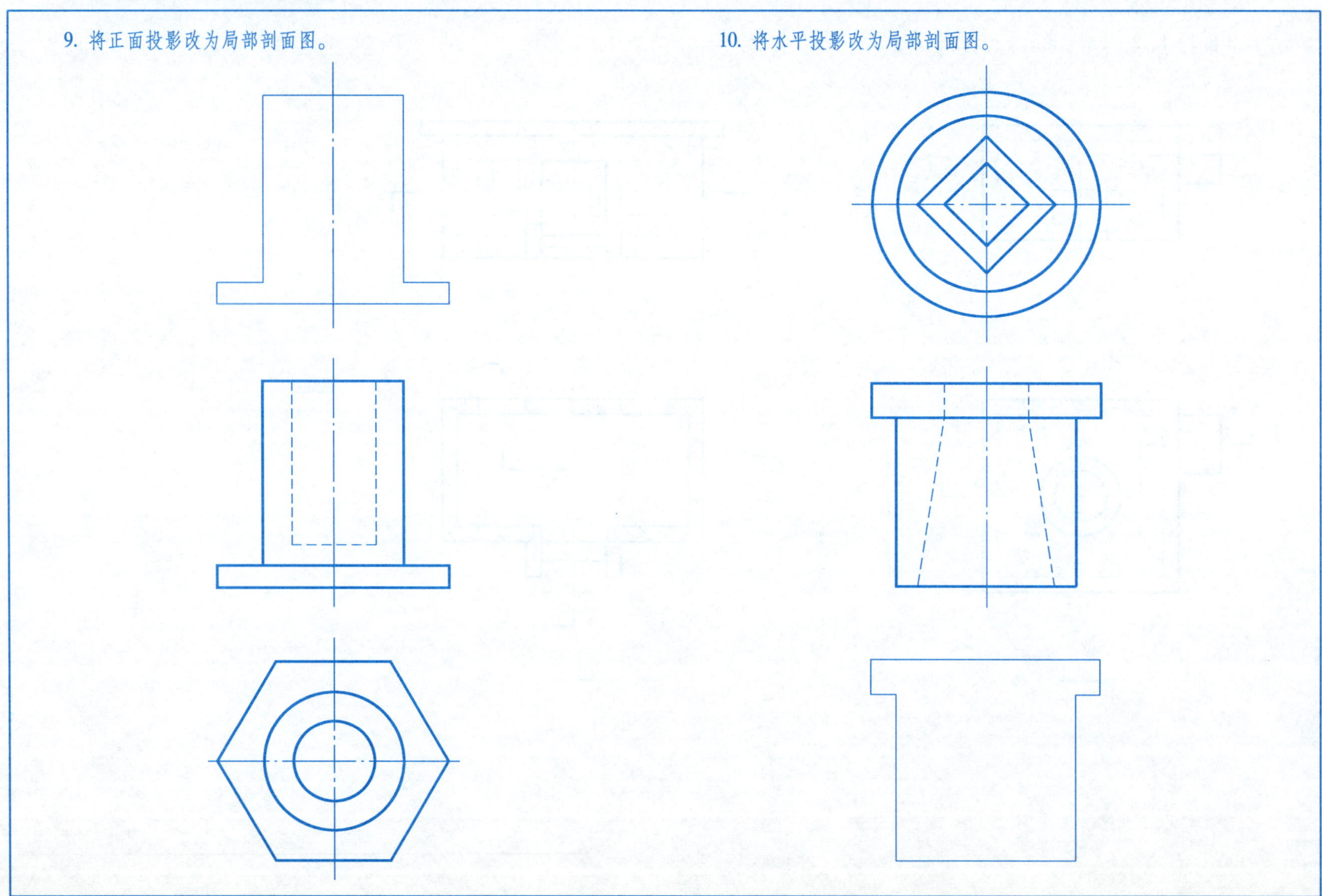
9. 将正面投影改为局部剖面图。
10. 将水平投影改为局部剖面图。

11. 将正、侧面图画成半剖面图。

12. 将正面图画成全剖面图。

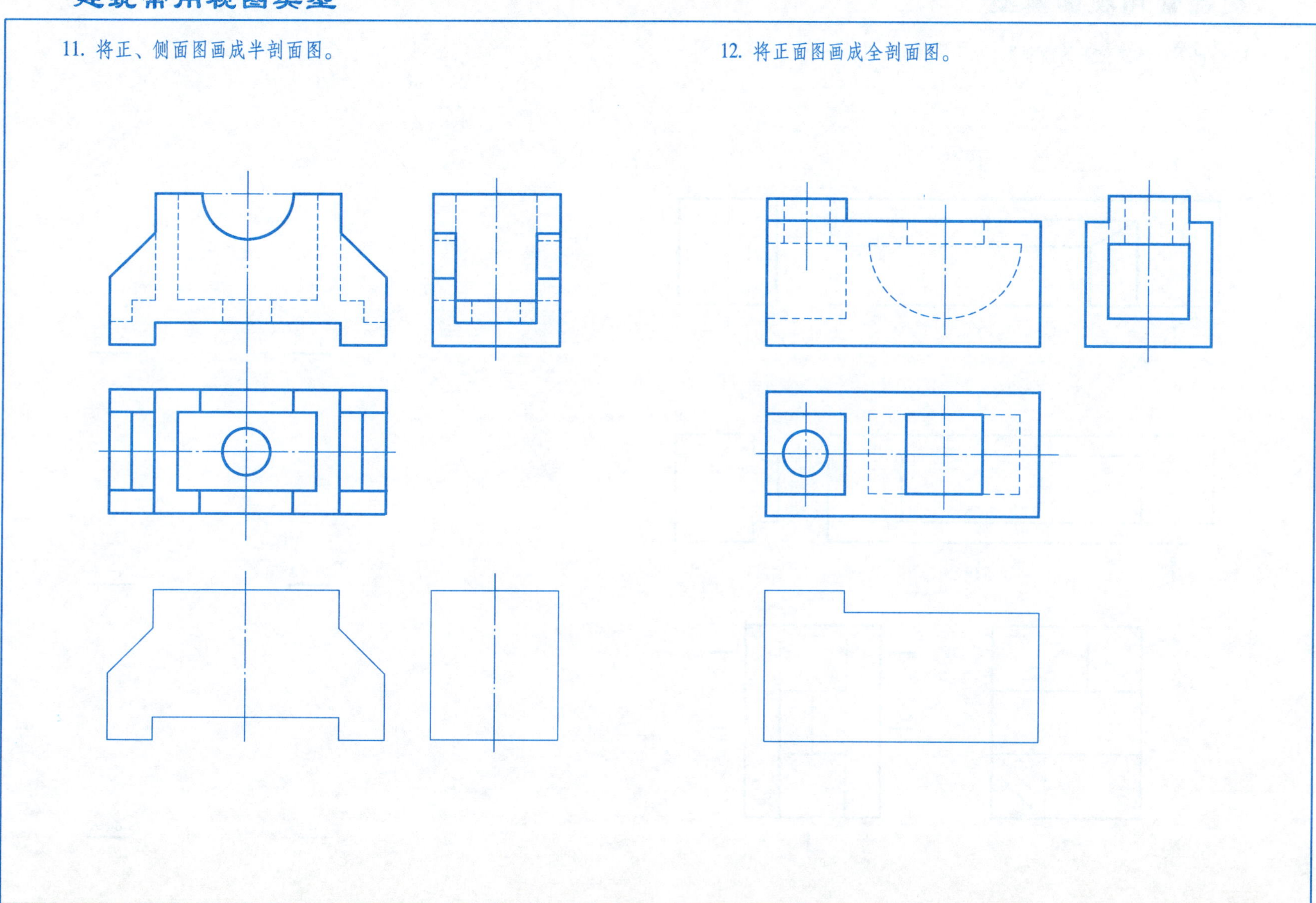

13. 画出下列指定位置的断面图。

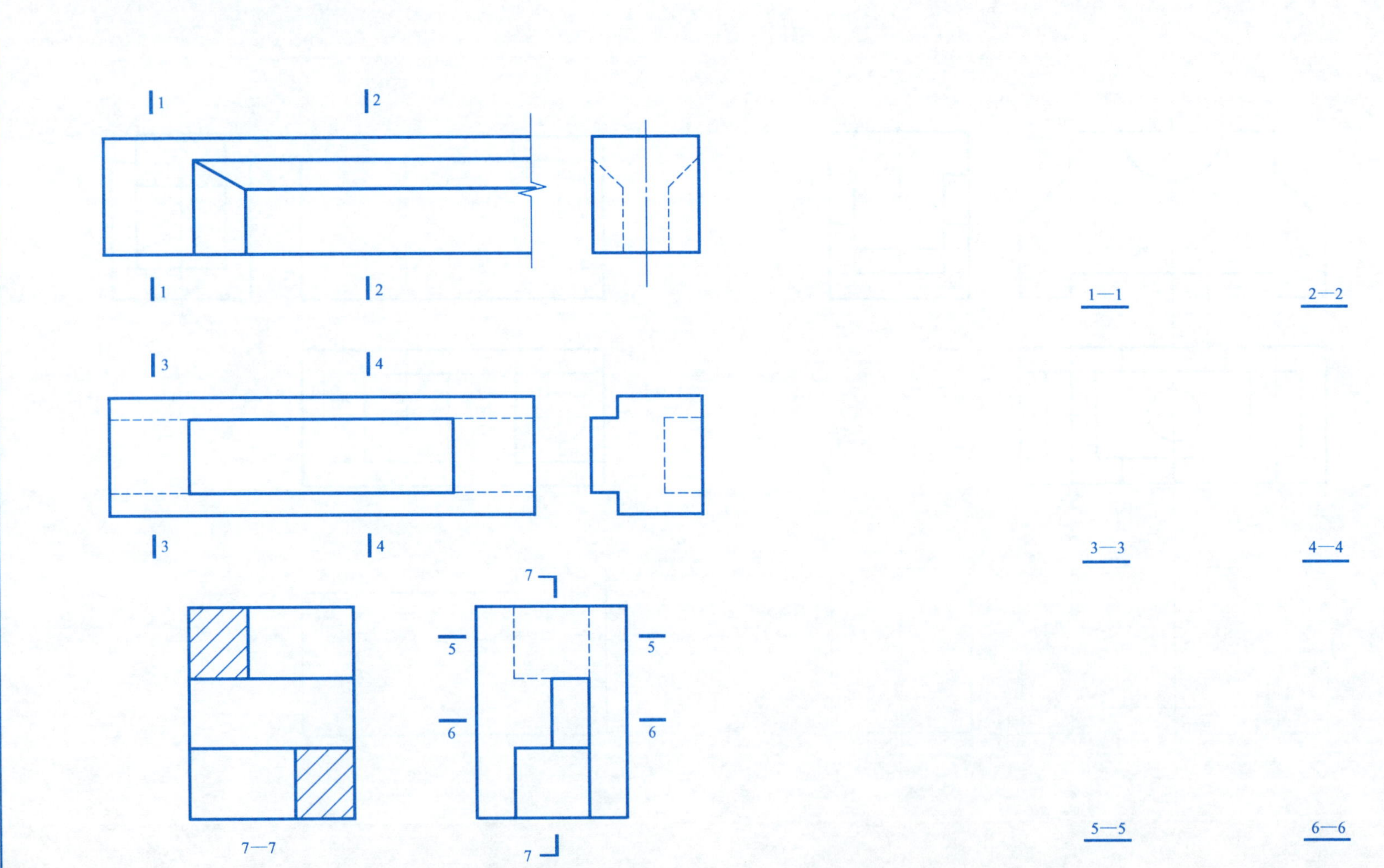

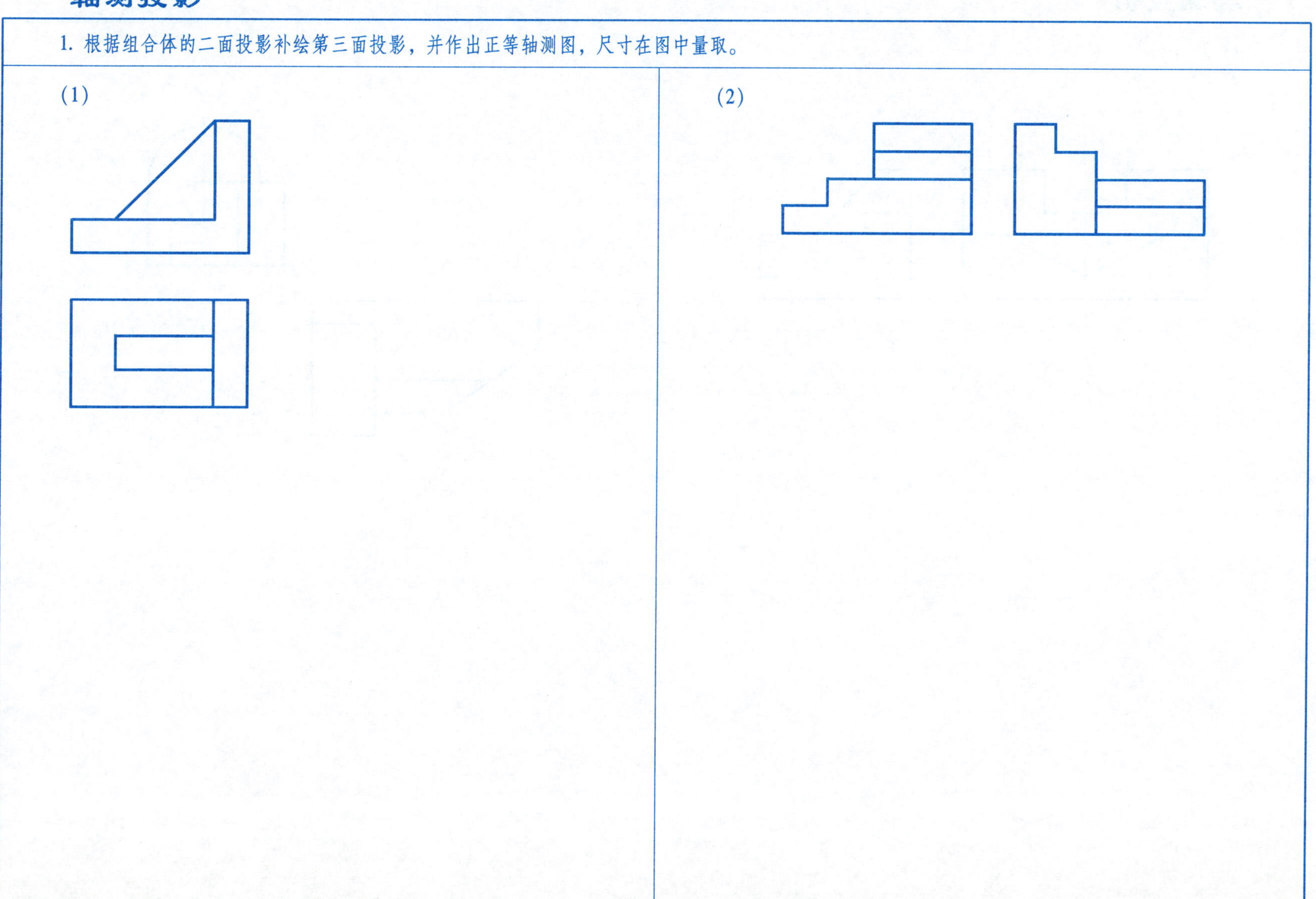
1. 根据组合体的二面投影补绘第三面投影，并作出正等轴测图，尺寸在图中量取。
(1)
(2)

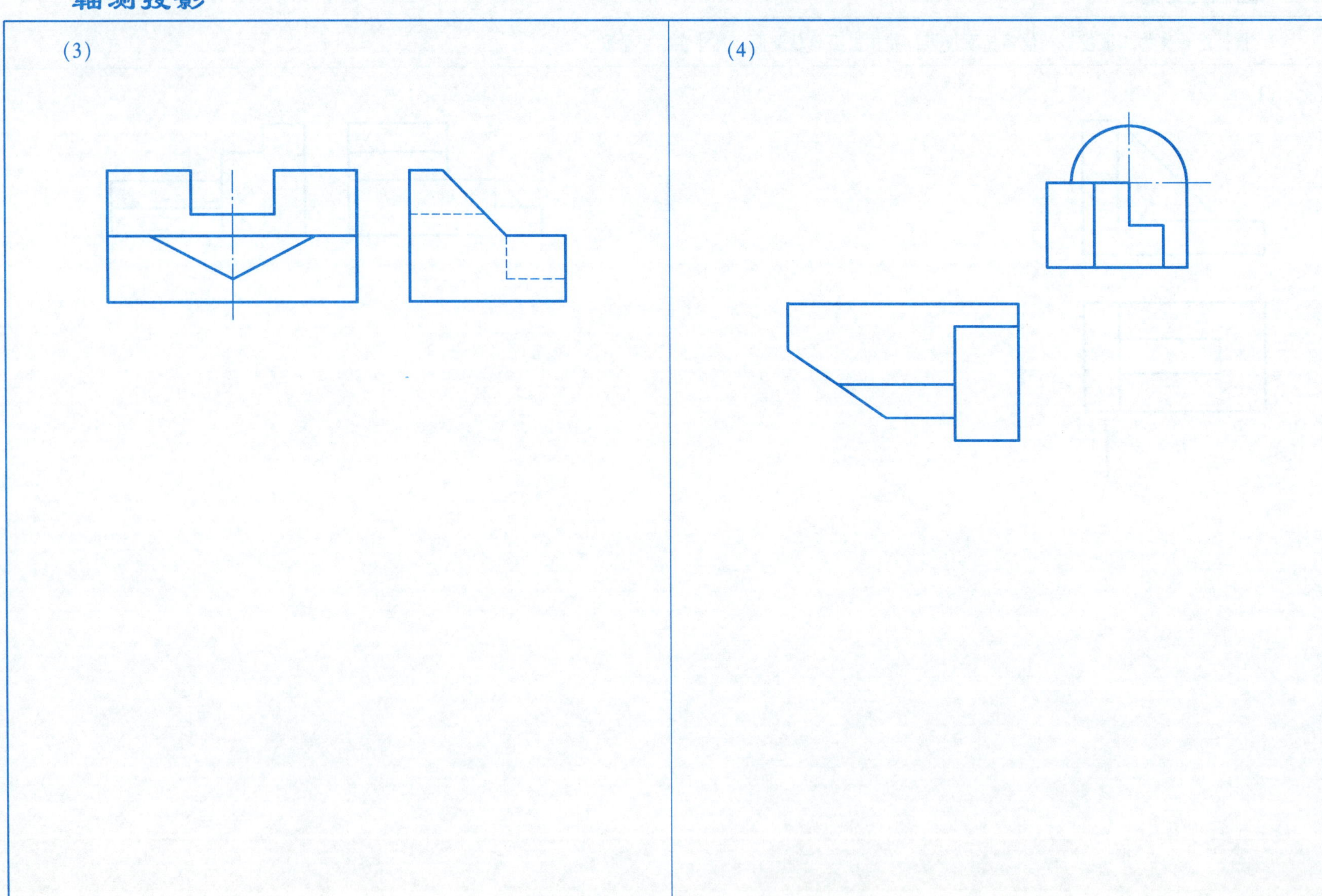
(3)
(4)

2. 作出组合体正等轴测图，尺寸在图中量取。

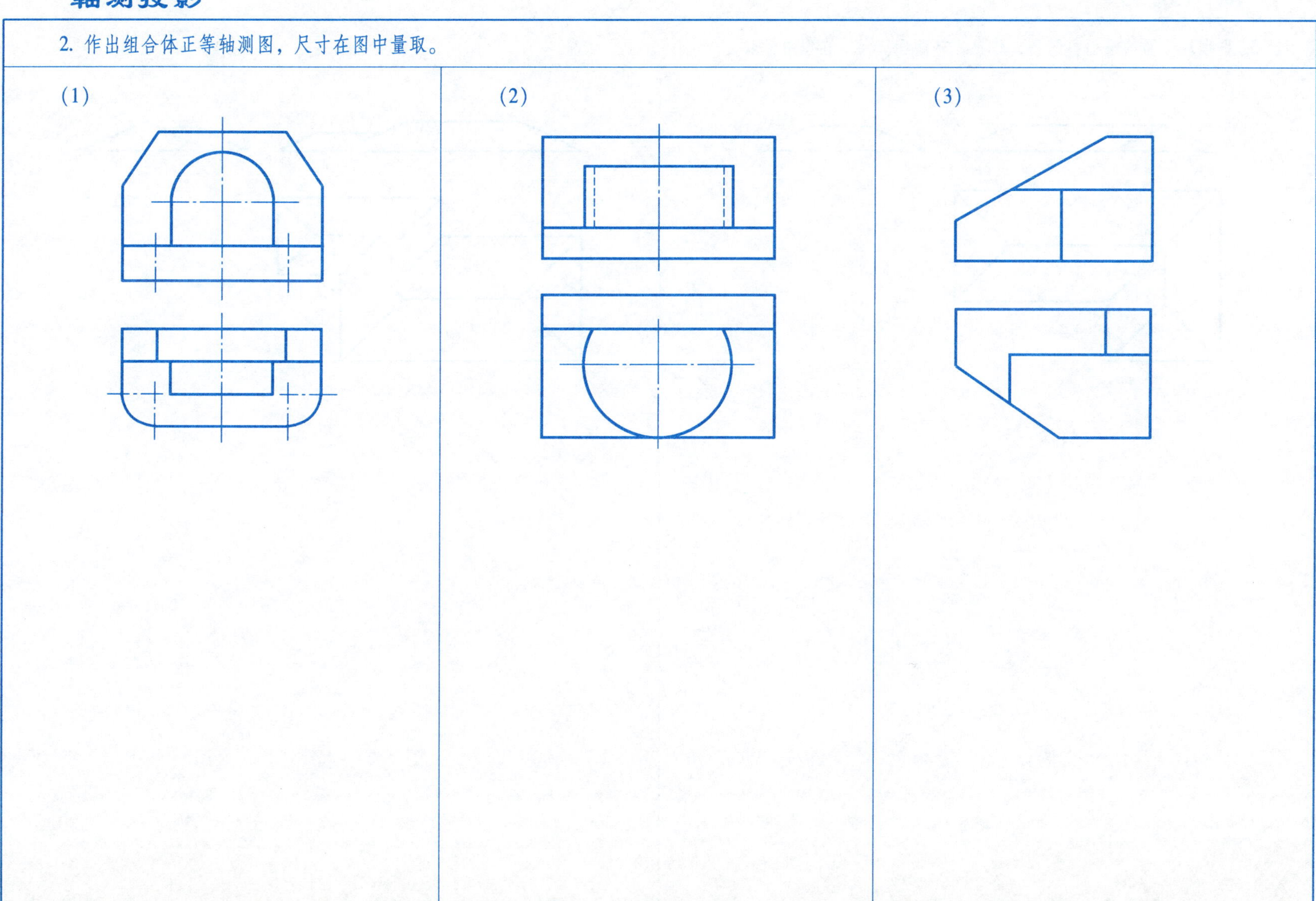

3. 根据坡屋面的三面投影图，作正等轴测图。尺寸在图中量取。

(1)

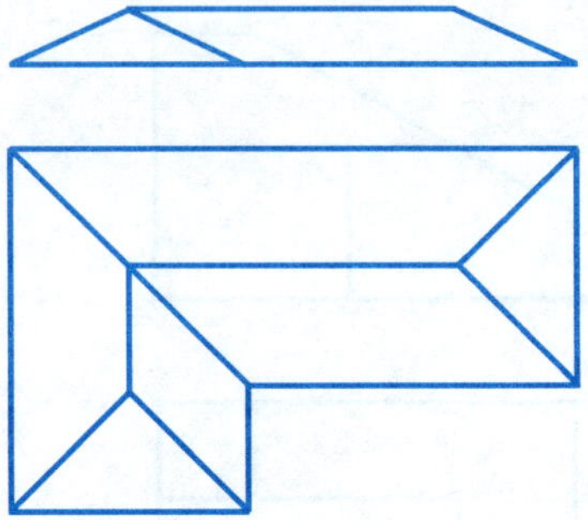

(2)

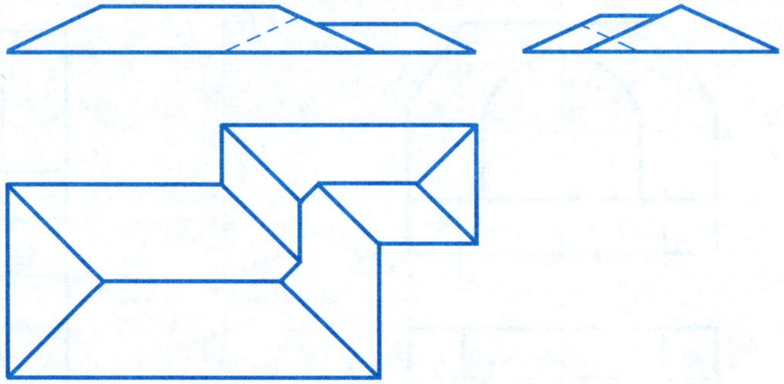

4. 根据组合体的投影，作斜二等轴测图。尺寸在图中量取。

(1)

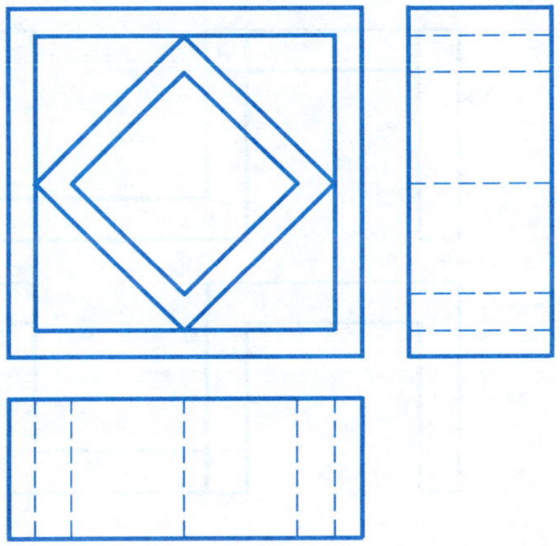

(2)

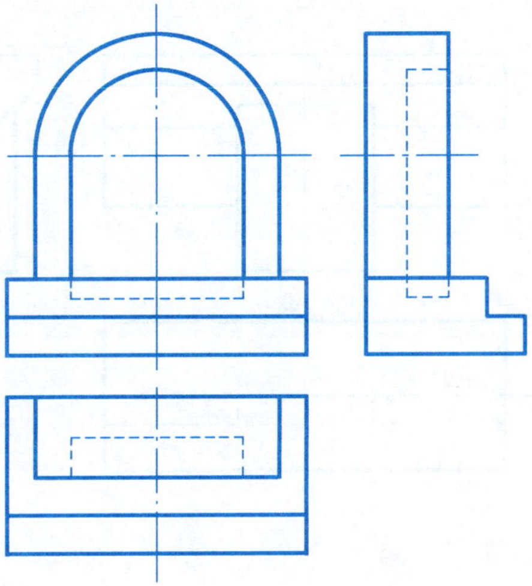

5. 根据组合体的投影，作轴测图（轴测图种类自选）。尺寸在图中量取。

(1)

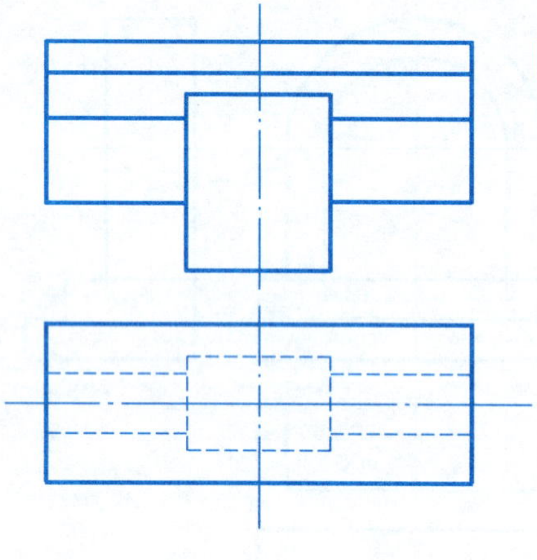

(2)

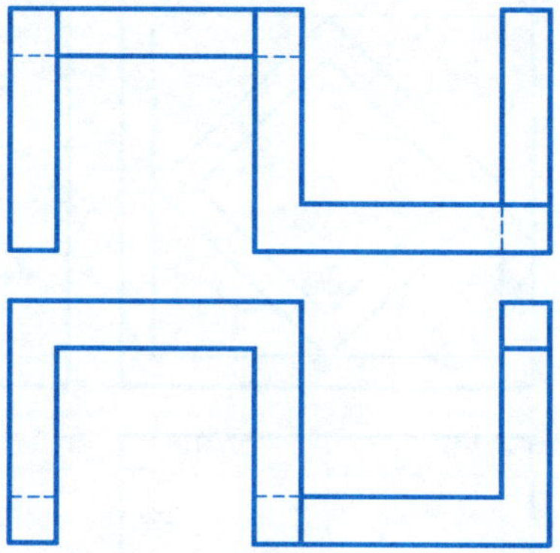

(3)

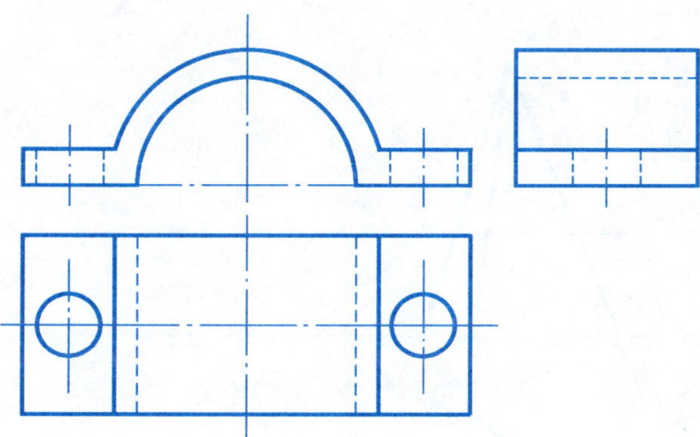

(4)

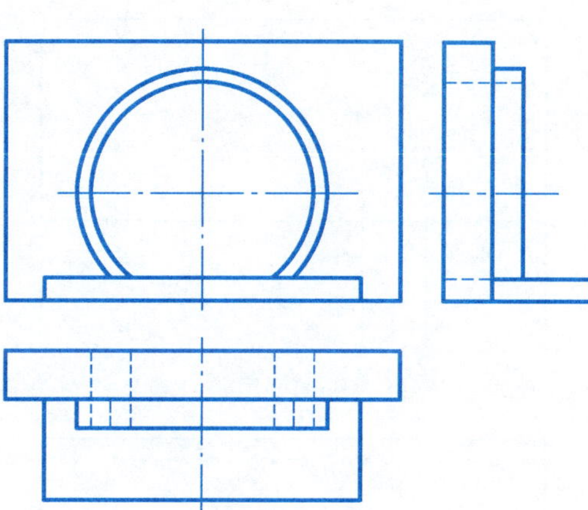

1. 应用视线迹点法作出 A、B 两点的透视和其基透视。

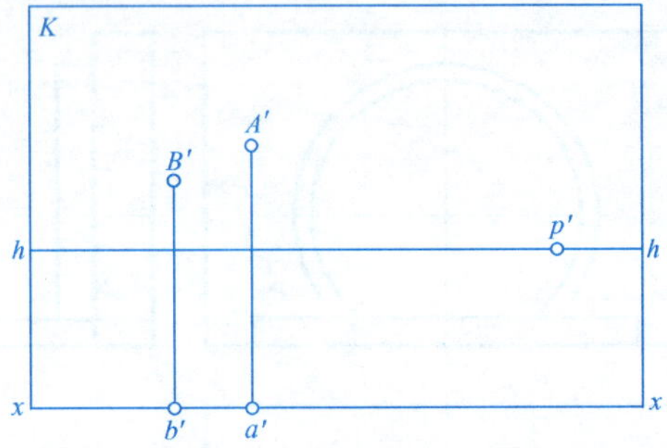

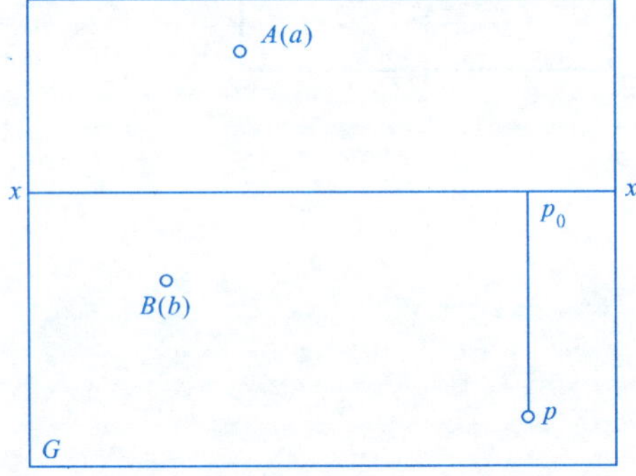

2. 用视线迹点法求作棱锥的透视。

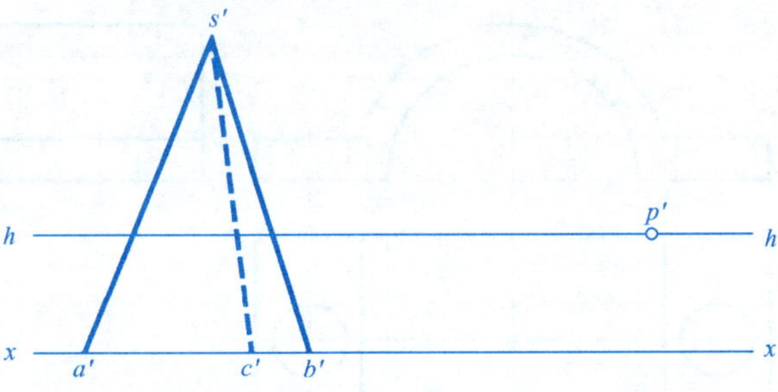

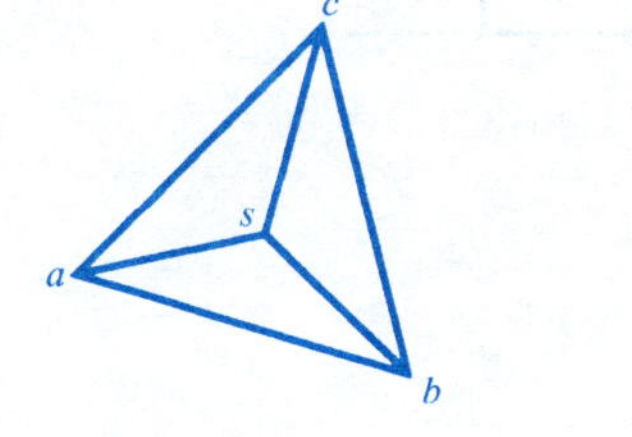

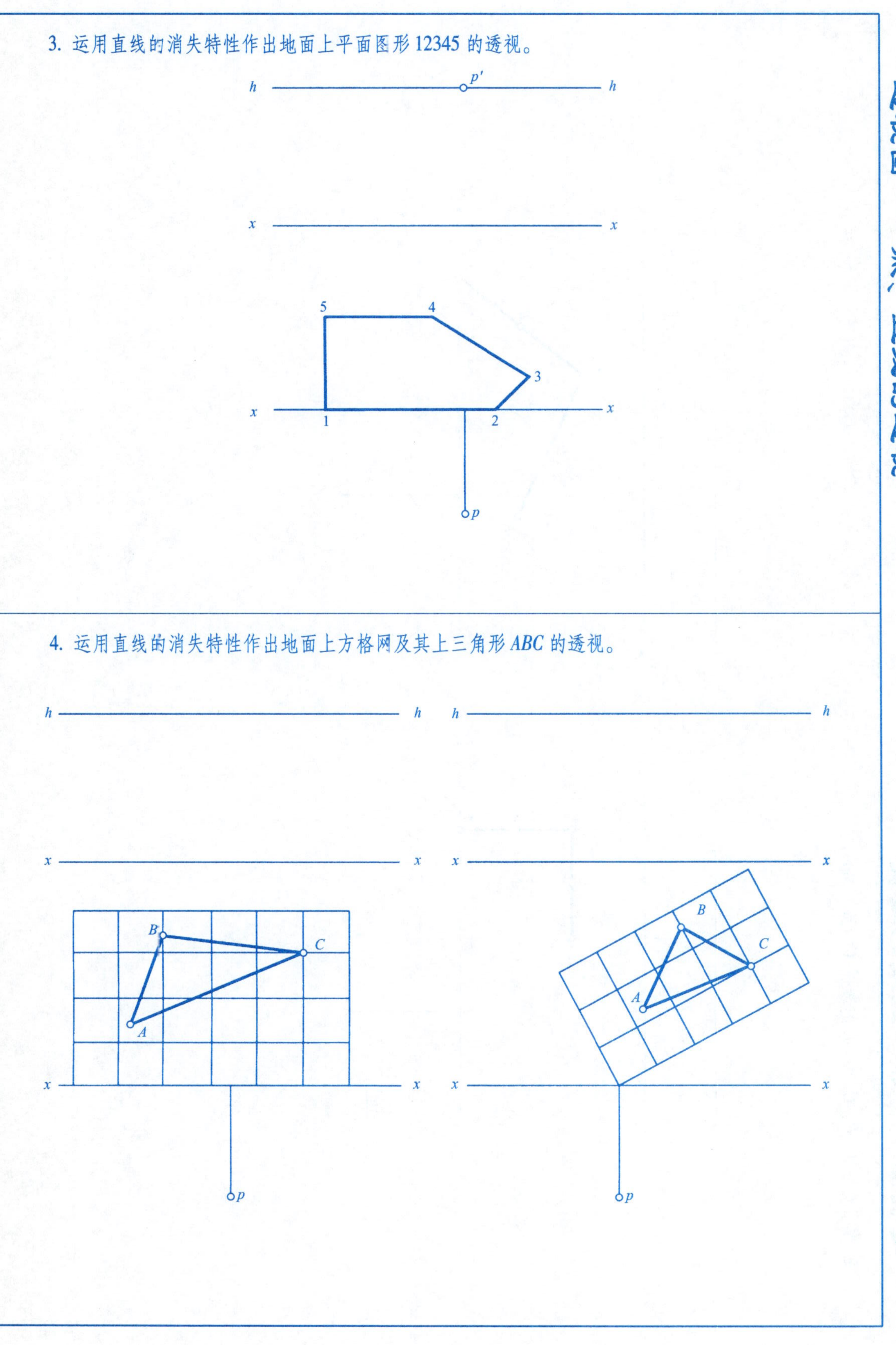
3. 运用直线的消失特性作出地面上平面图形12345的透视。
h
p′
h
x
x
5
4
3
x
1
2
x
p
4. 运用直线的消失特性作出地面上方格网及其上三角形ABC的透视。
h
h
h
h
x
x
x
x
B
C
A
B
C
A
x
x
x
x
p
p

5. 作出灯柱 A、B、C、D、E 的透视（柱高为5m）。

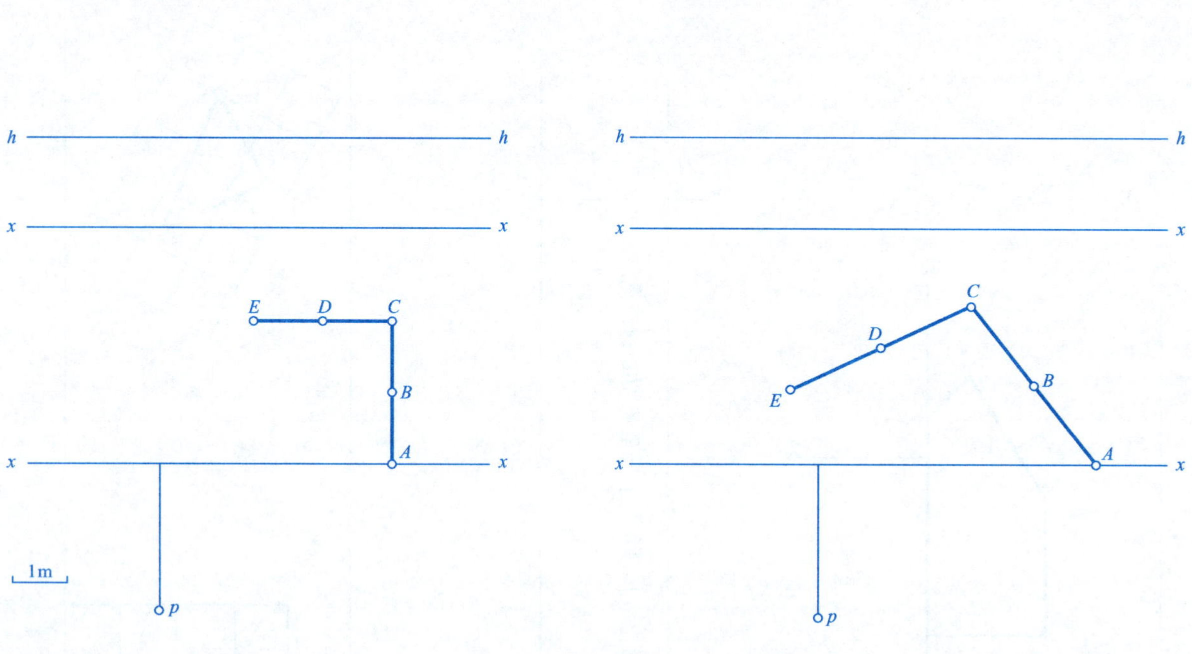

作出地面上平面图形的透视。

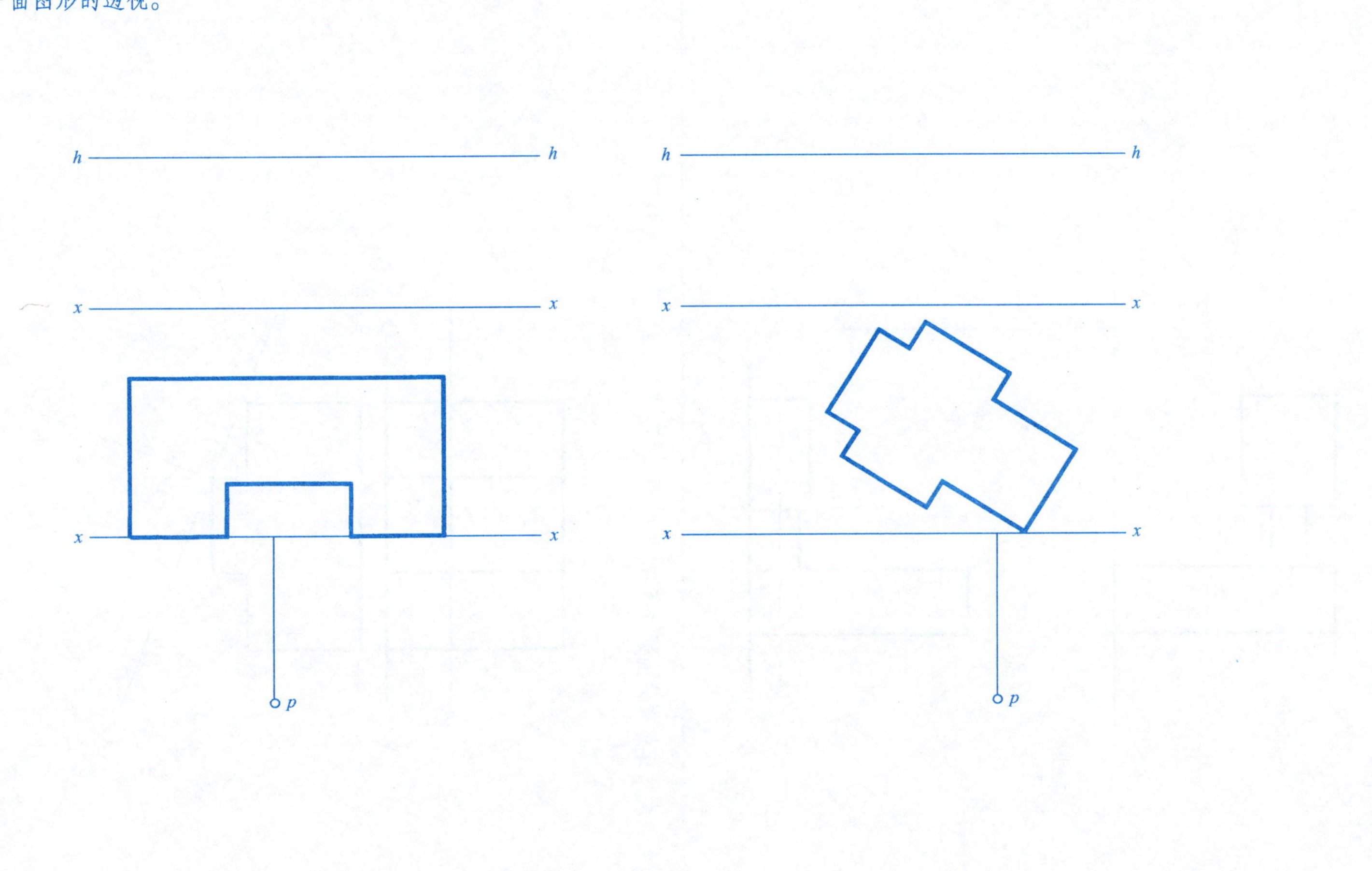

1. 根据已知条件求作建筑形体的一点透视。

2. 根据已知条件求作建筑形体的两点透视。

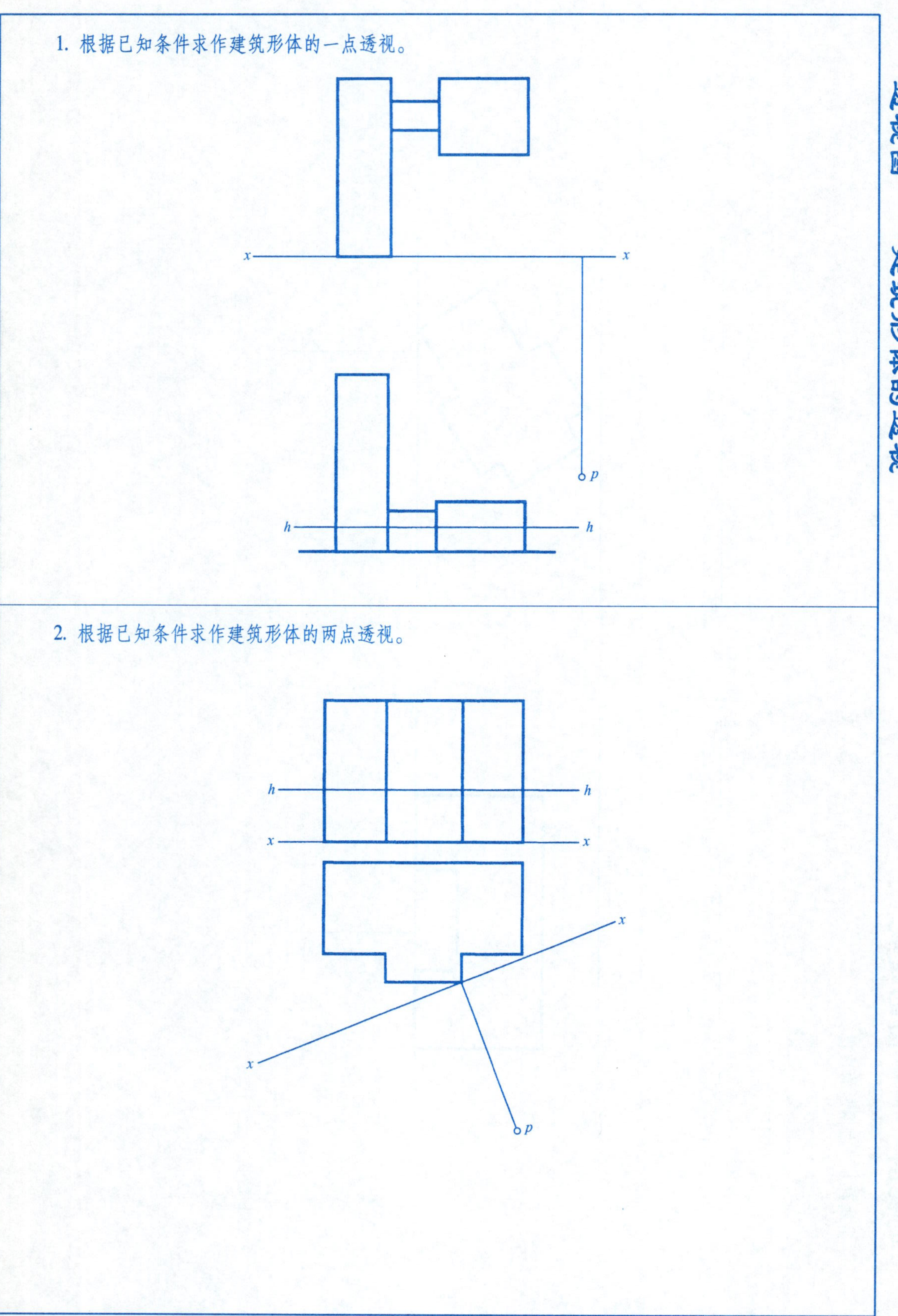

3. 根据所给条件作出建筑形体的透视。

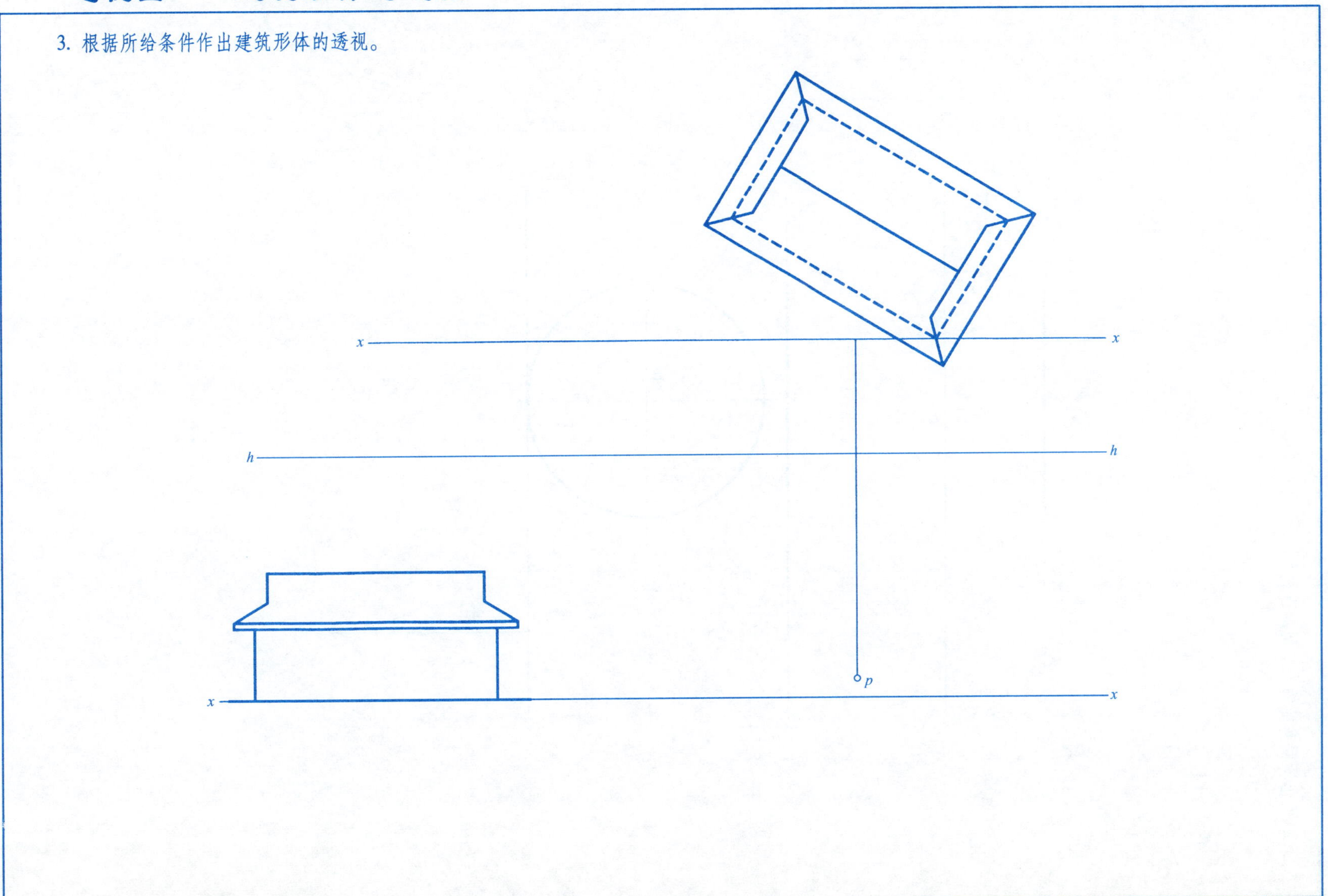

1. 作出不同高度的水平圆的透视。

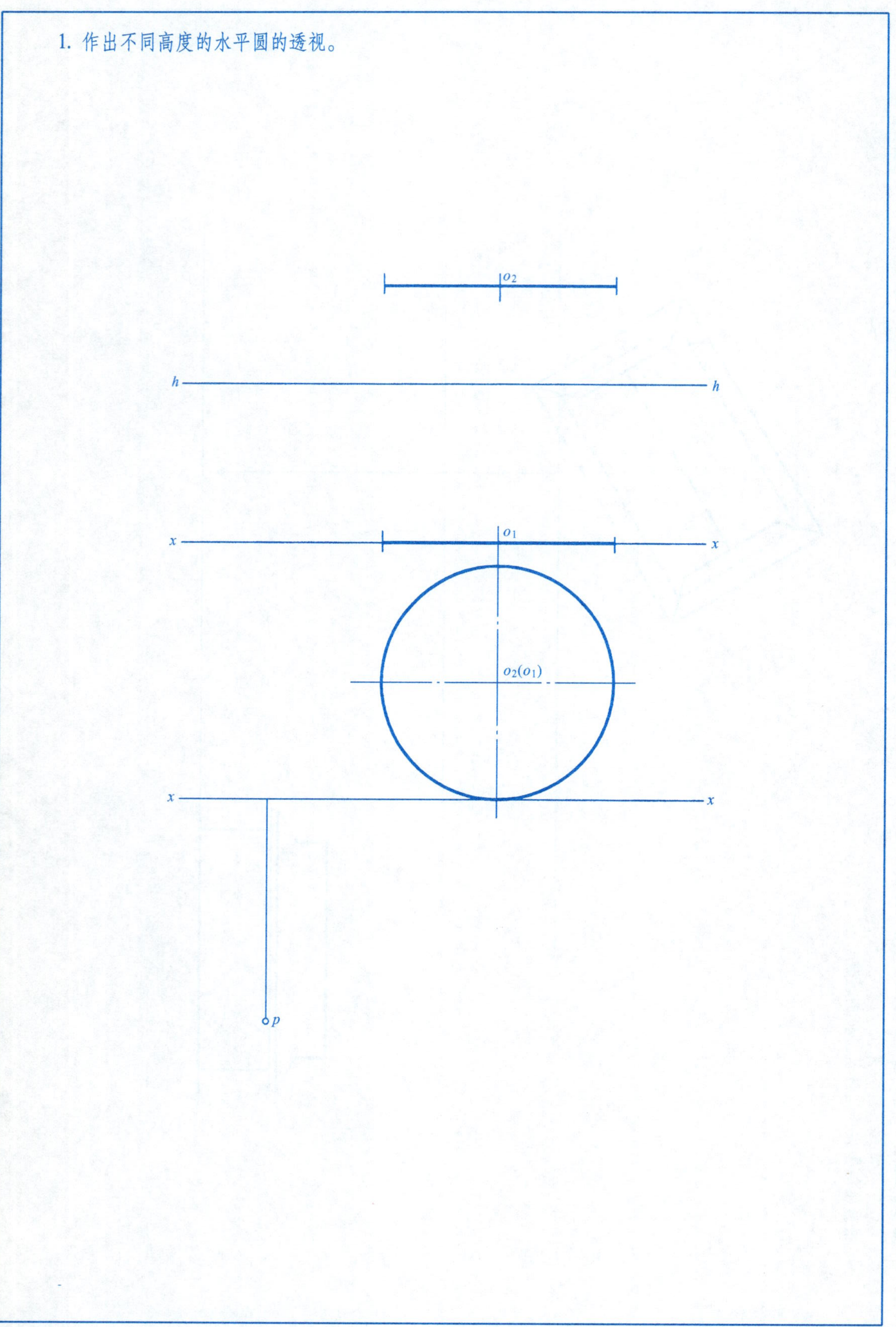

2. 按所给条件作出已知拱门洞的透视。

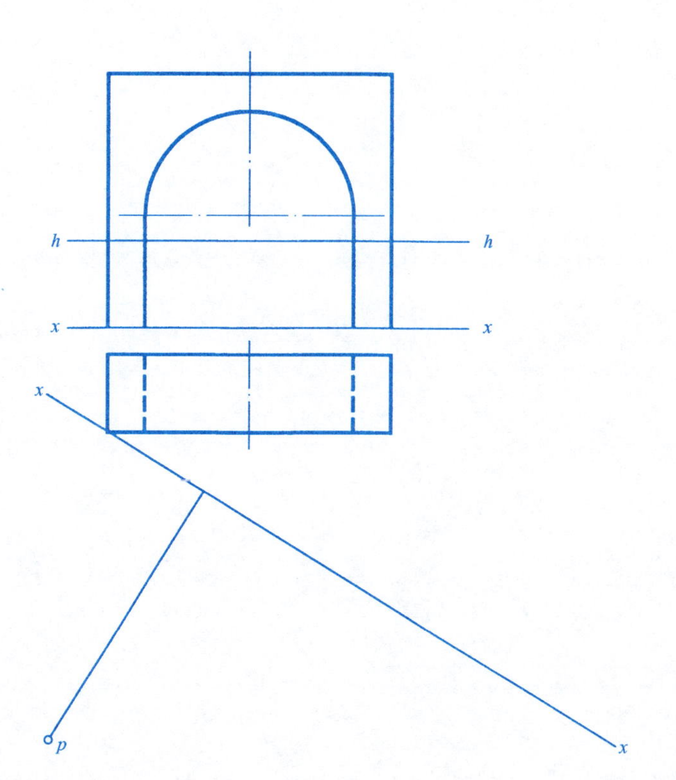

1. 用视线法作出单坡小房的透视。

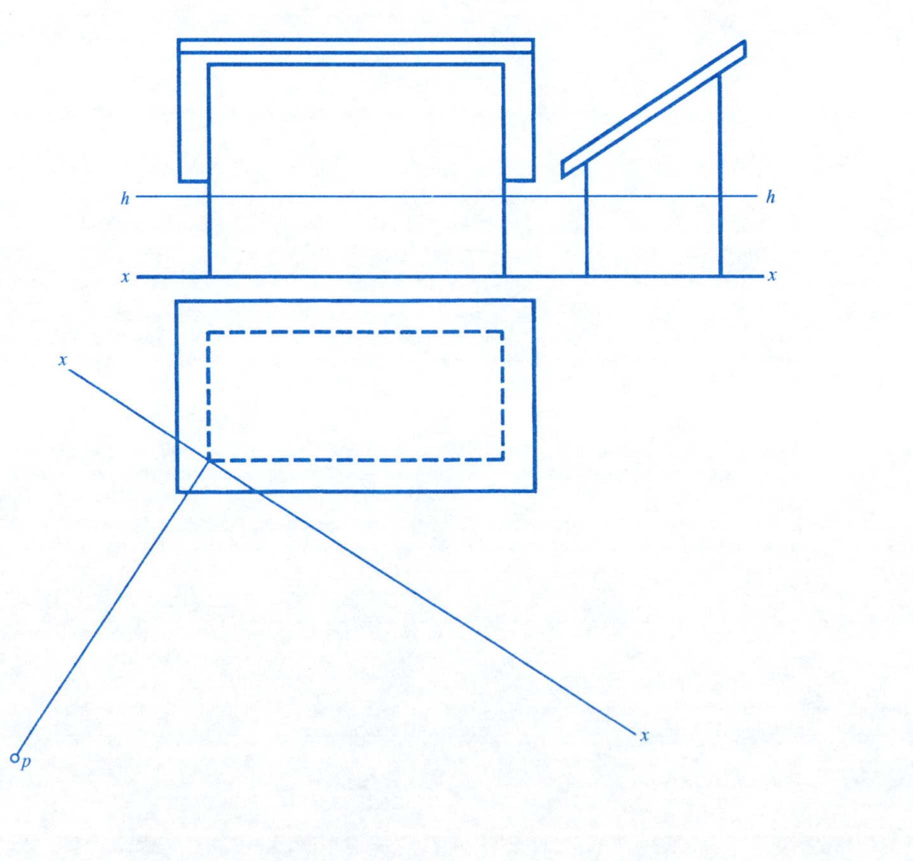

2. 按所给条件作出高低挑檐的透视。

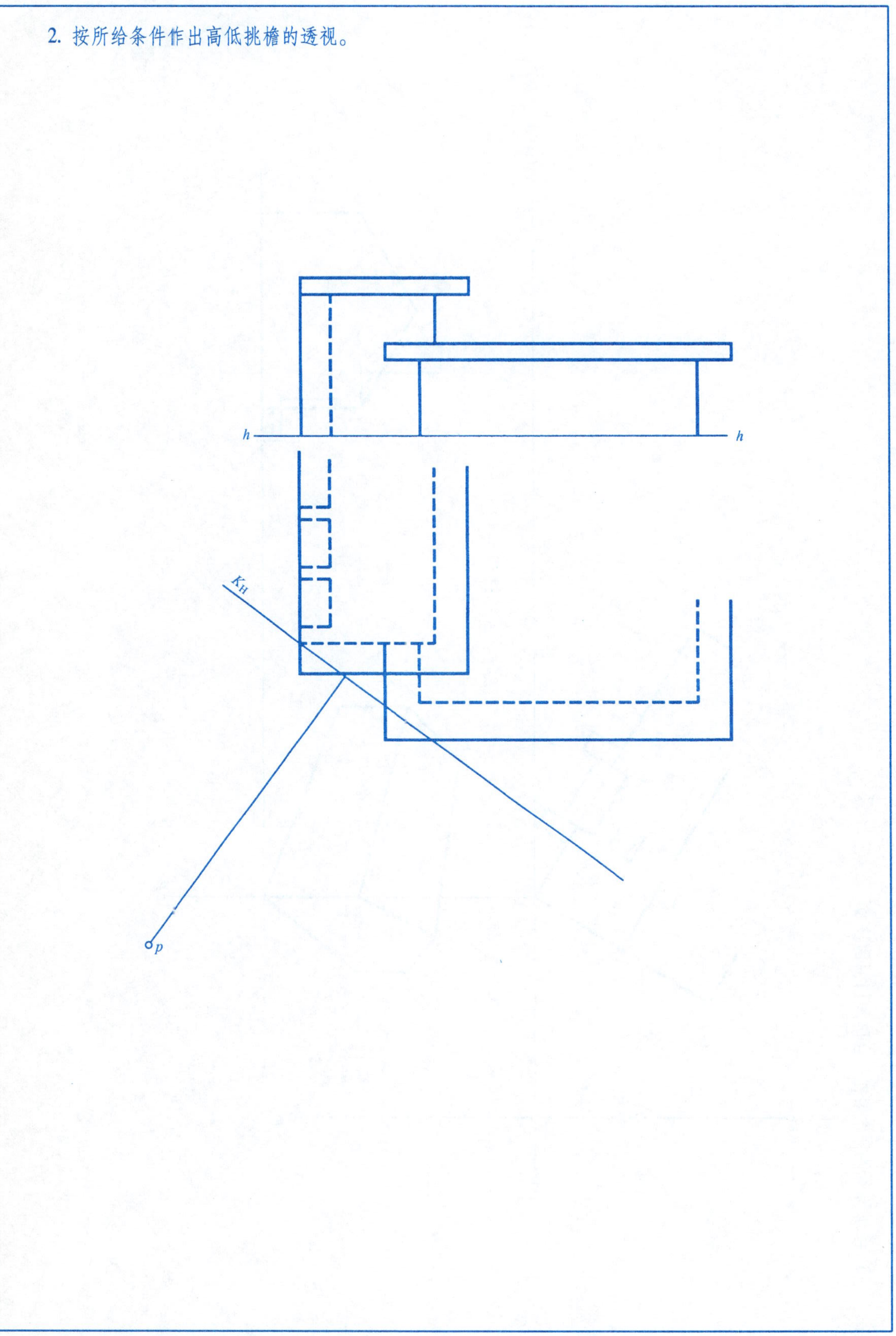

3. 按所给条件补作烟囱、台阶和门洞的透视。

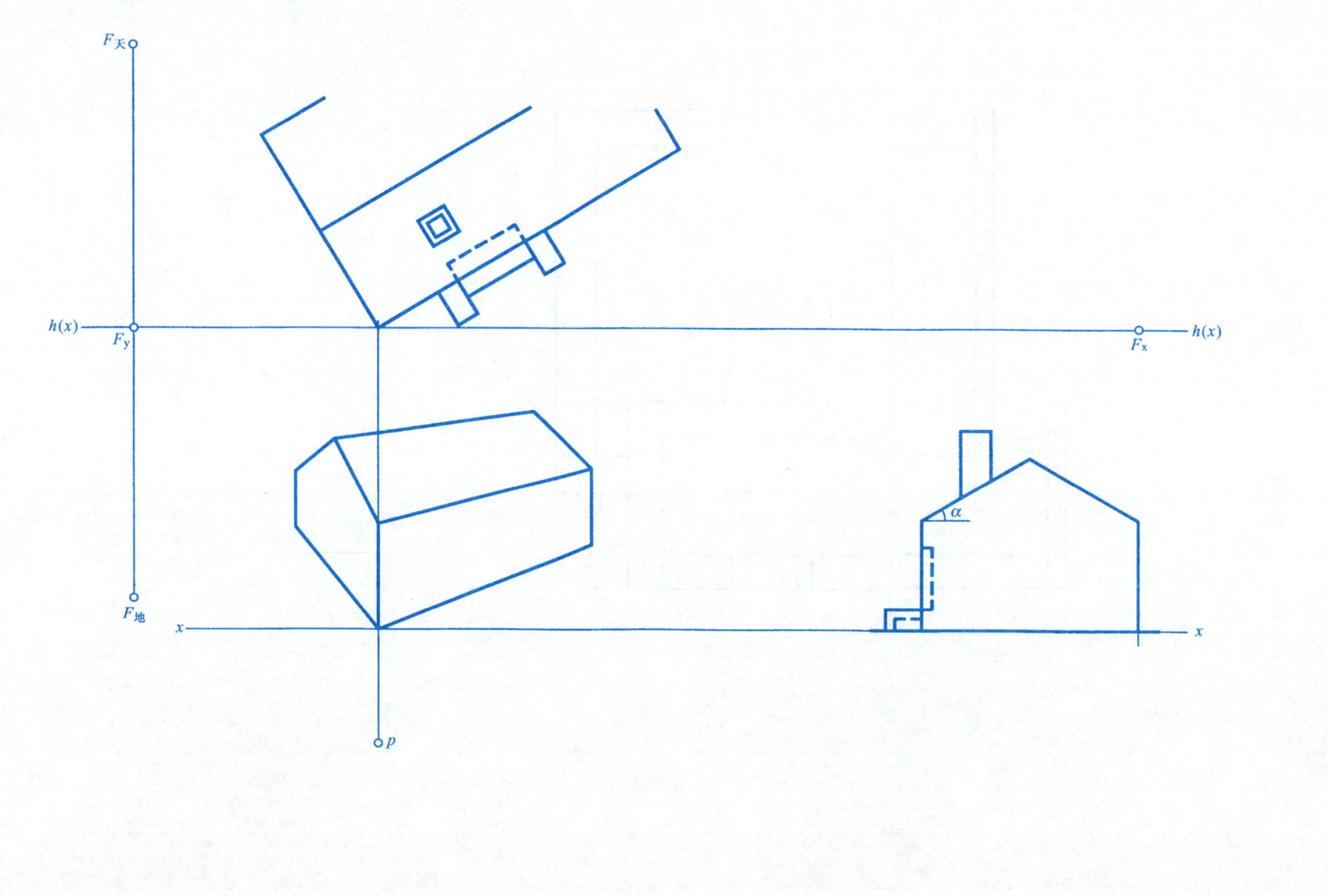

1. 求作 A 点在平面 P 上的落影。

2. 求作直线 CD 在投影面上的落影。

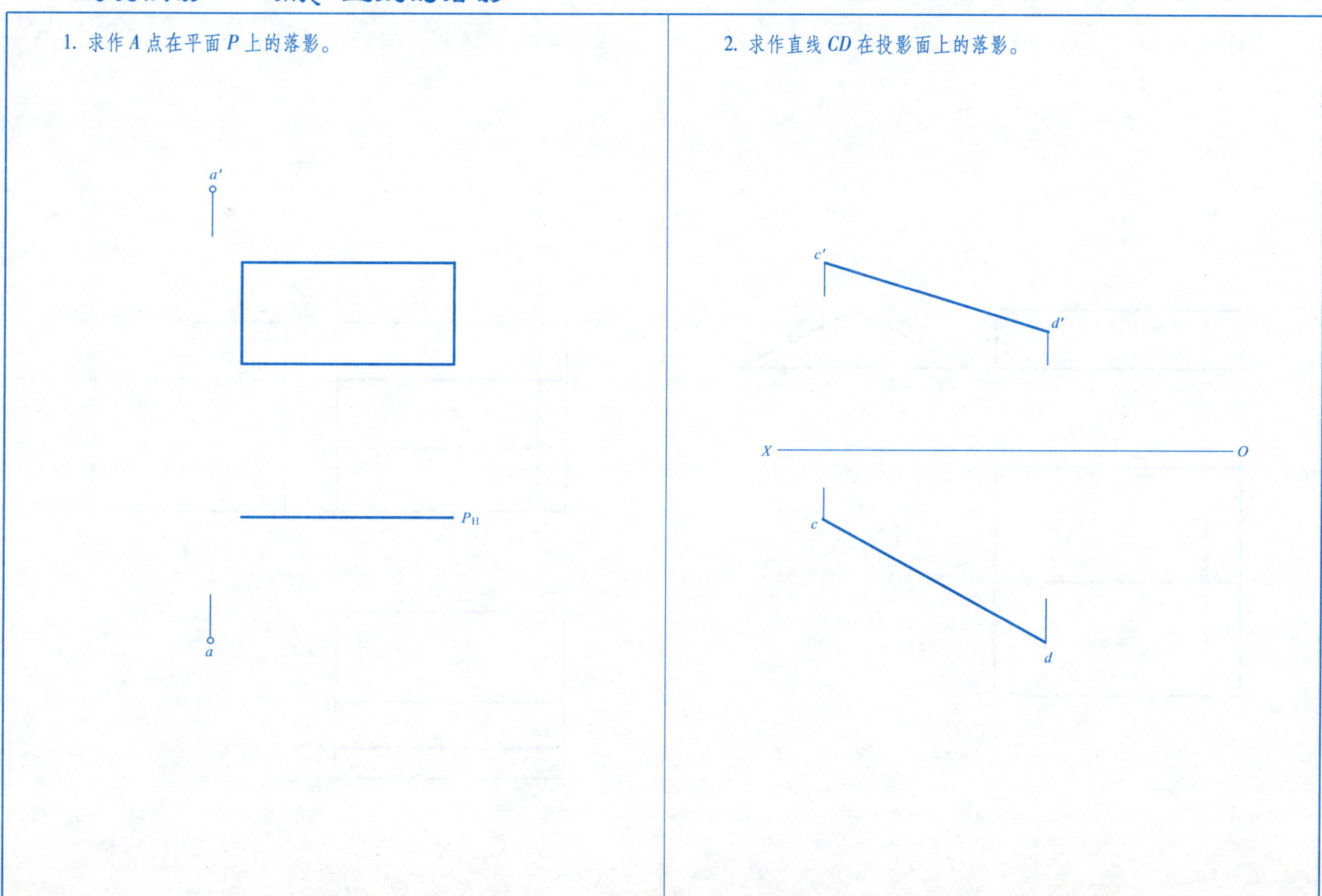

3. 求作折线 *ABC* 在两坡屋面上的落影。

4. 求作直线 *AB* 在地面和形体表面上的落影。

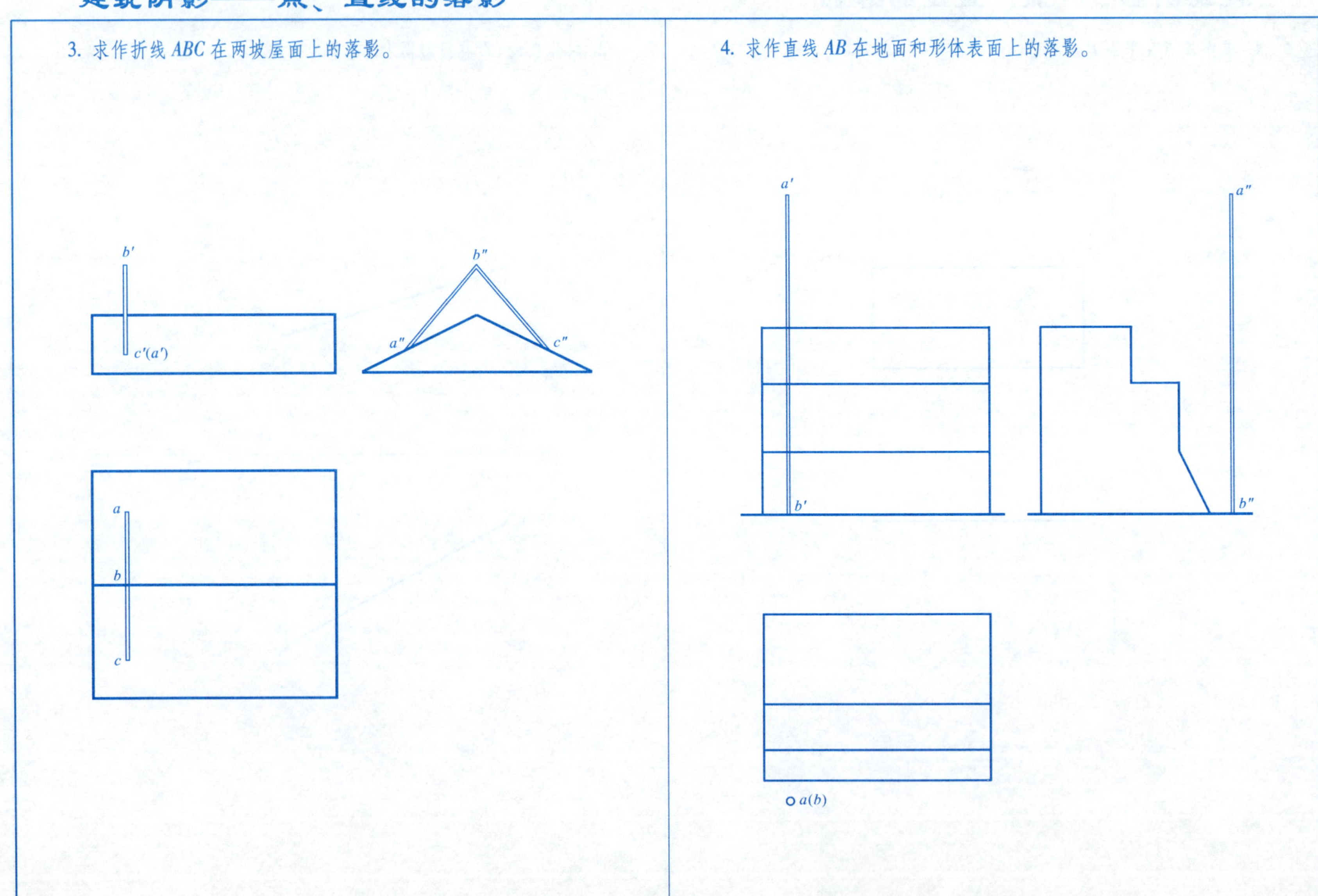

1. 求作平面形在墙面上的落影。

2. 求作带圆孔的平面形在墙面上的落影。

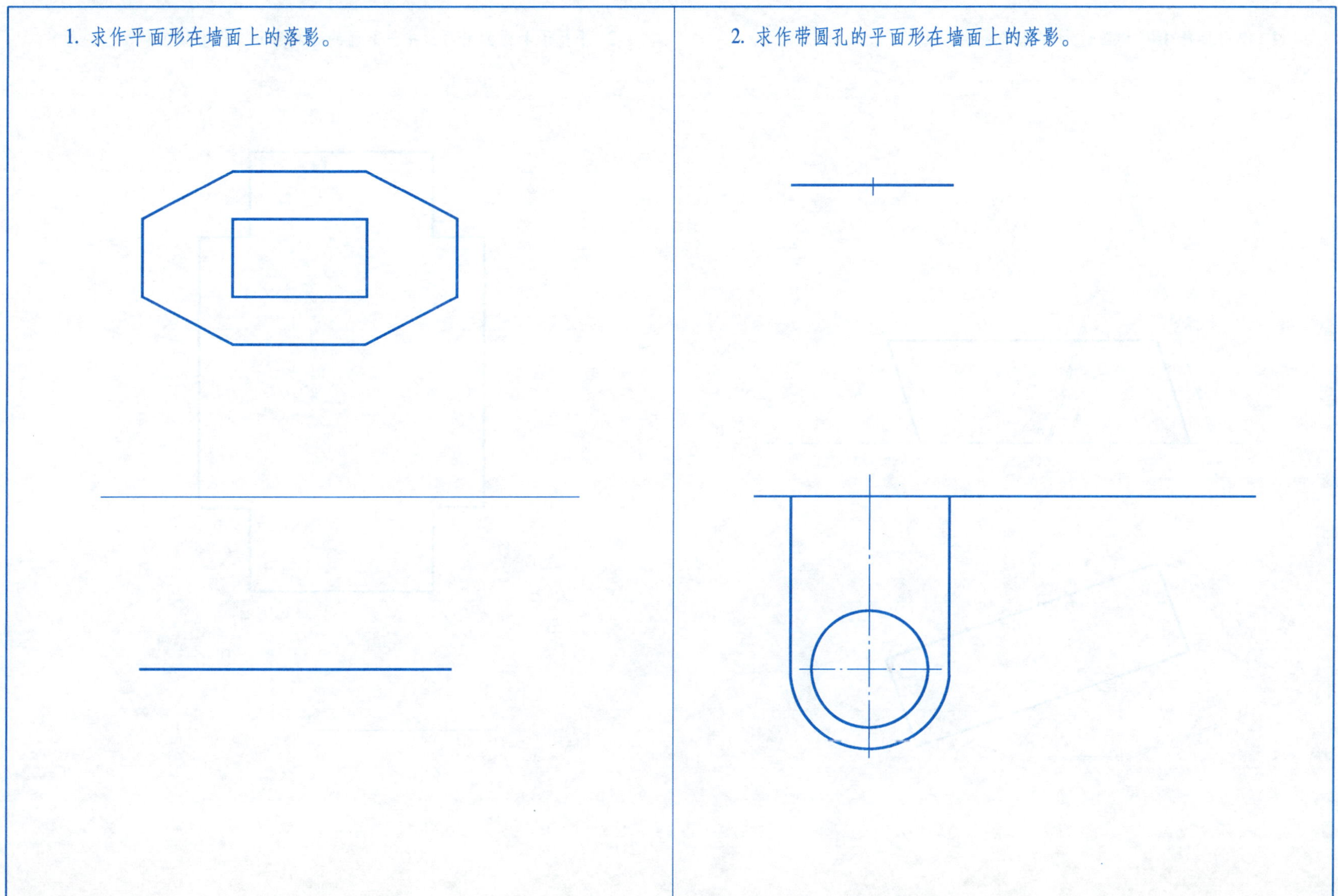

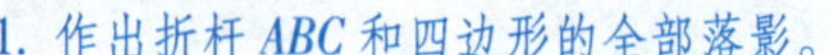

1. 作出折杆 *ABC* 和四边形的全部落影。

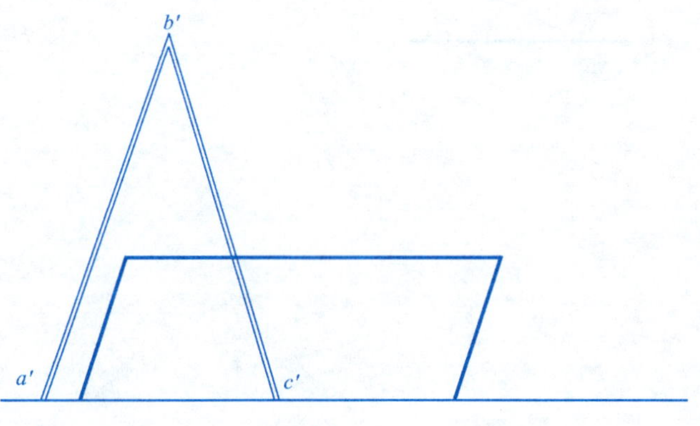

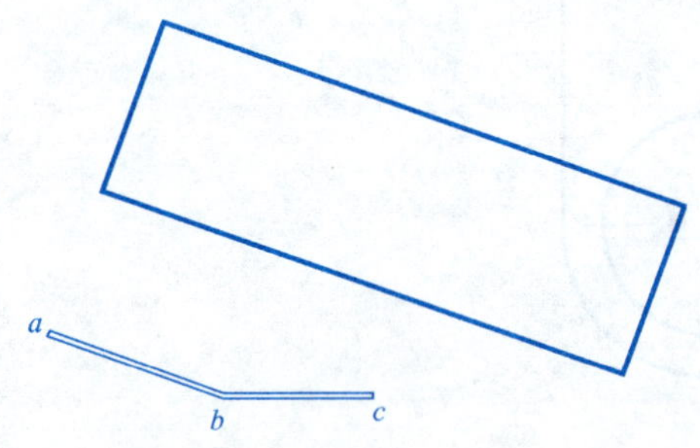

2. 平行于 *V* 面的平面，并与 *V* 面的距离为 *m*，作出其在 *V* 面上的落影。

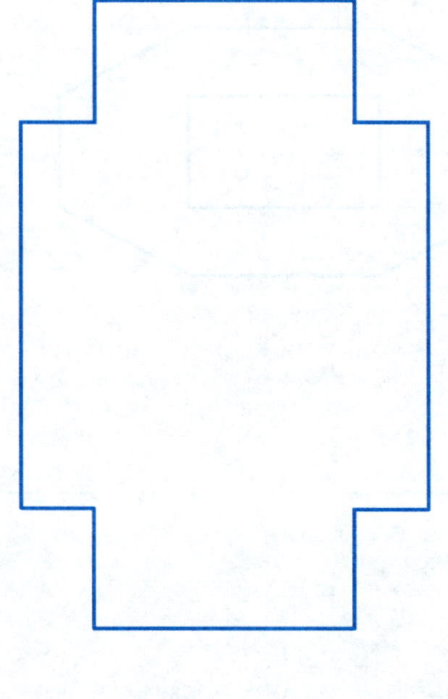

m

1. 求作四棱锥的阴影。

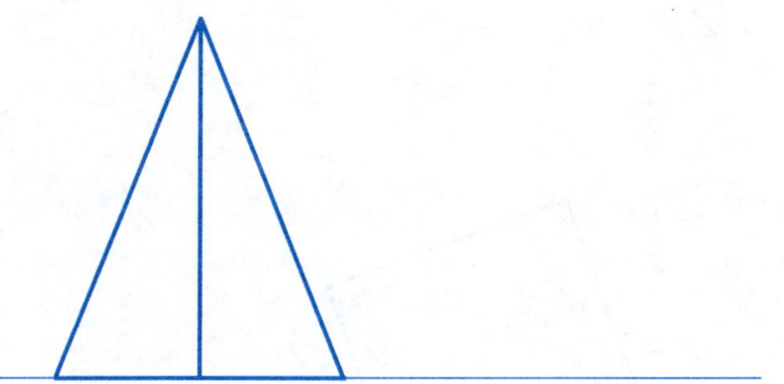

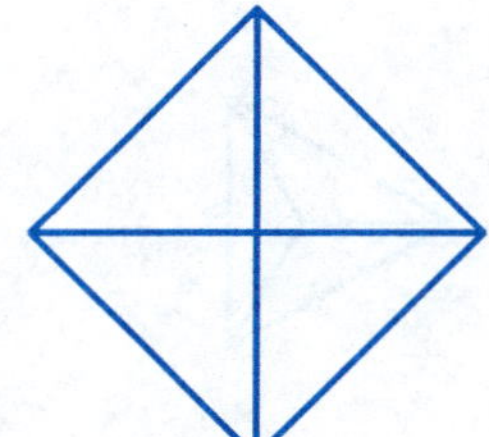

2. 求作棱柱组合体的阴影。

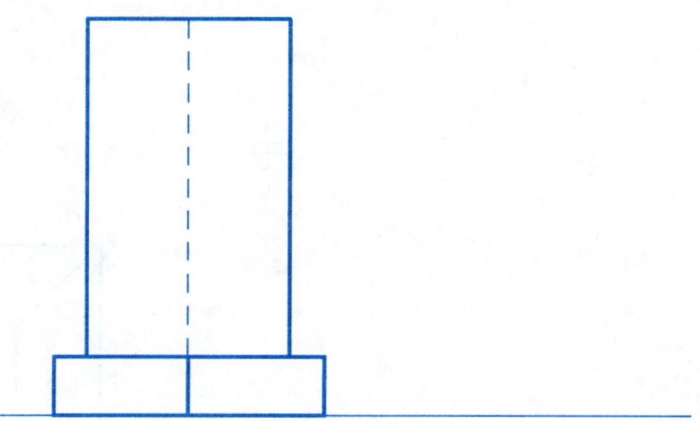

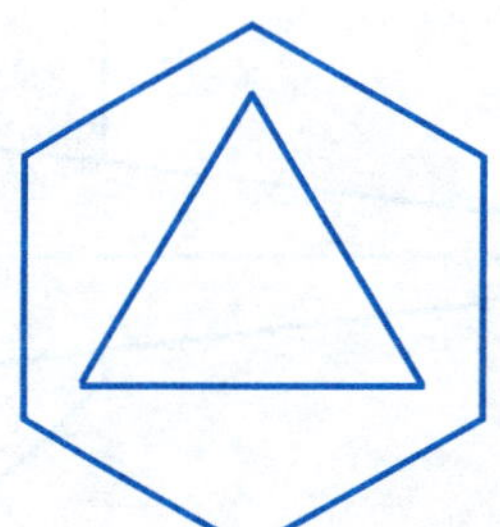

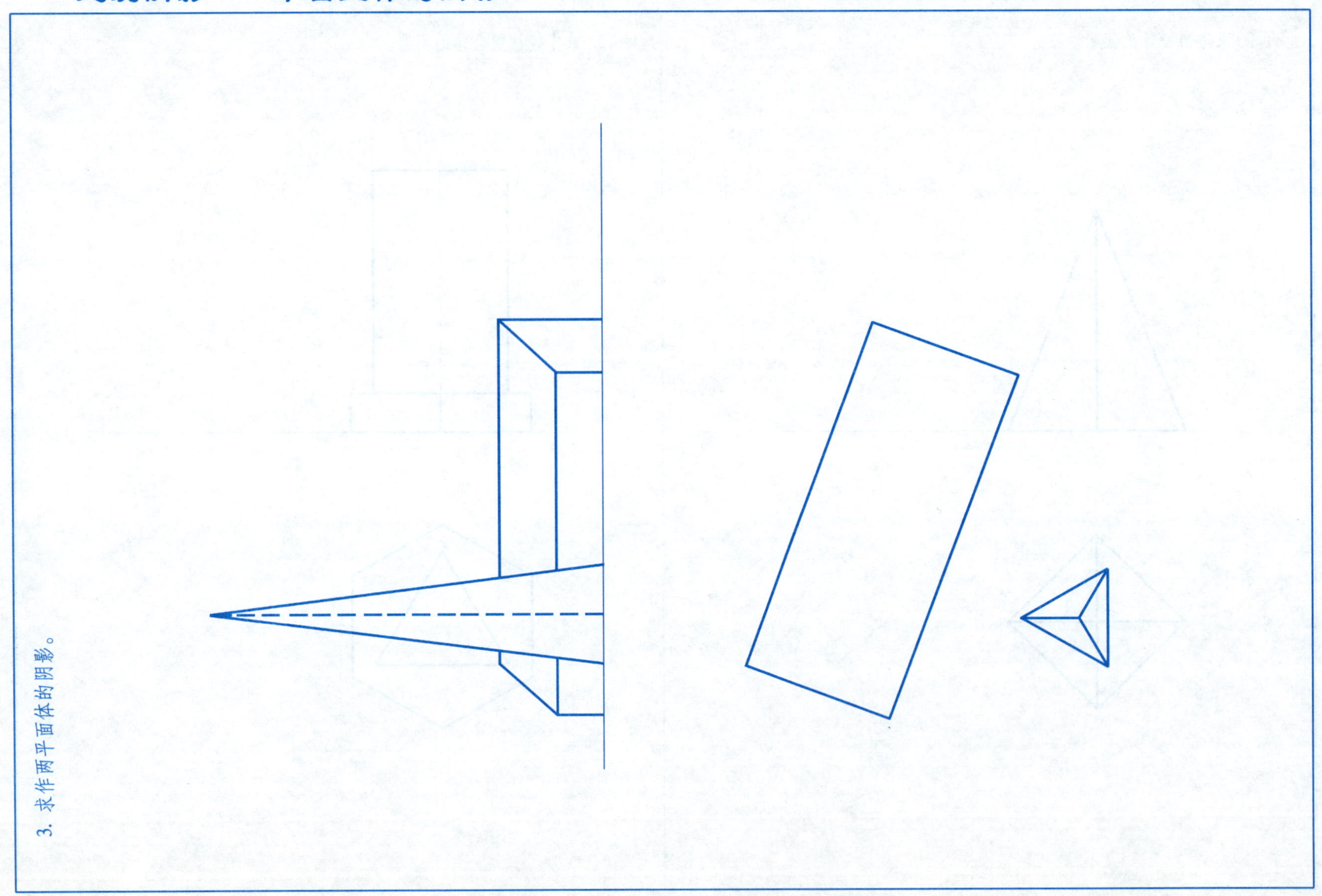

3. 求作两平面体的阴影。

1. 求作圆柱组合体的阴影。

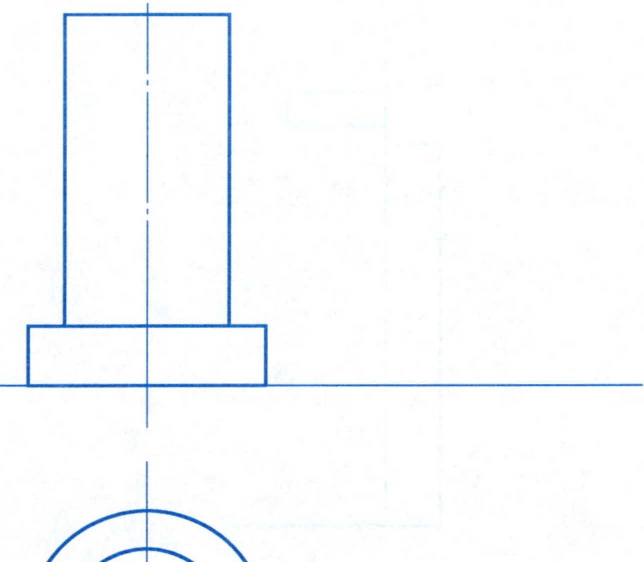

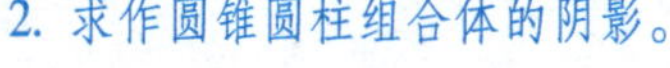

2. 求作圆锥圆柱组合体的阴影。

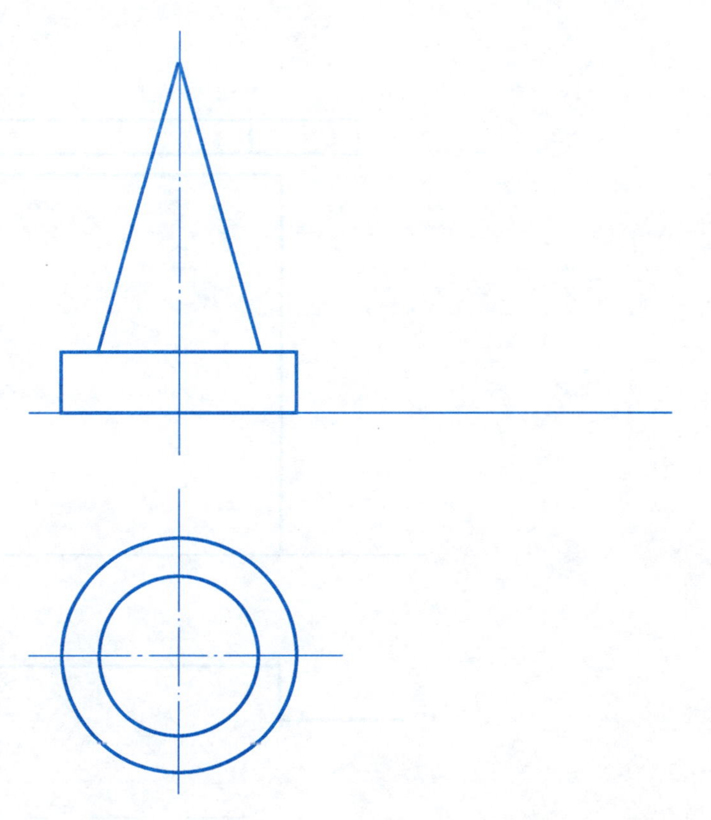

1. 作出门洞及雨篷的立面阴影。

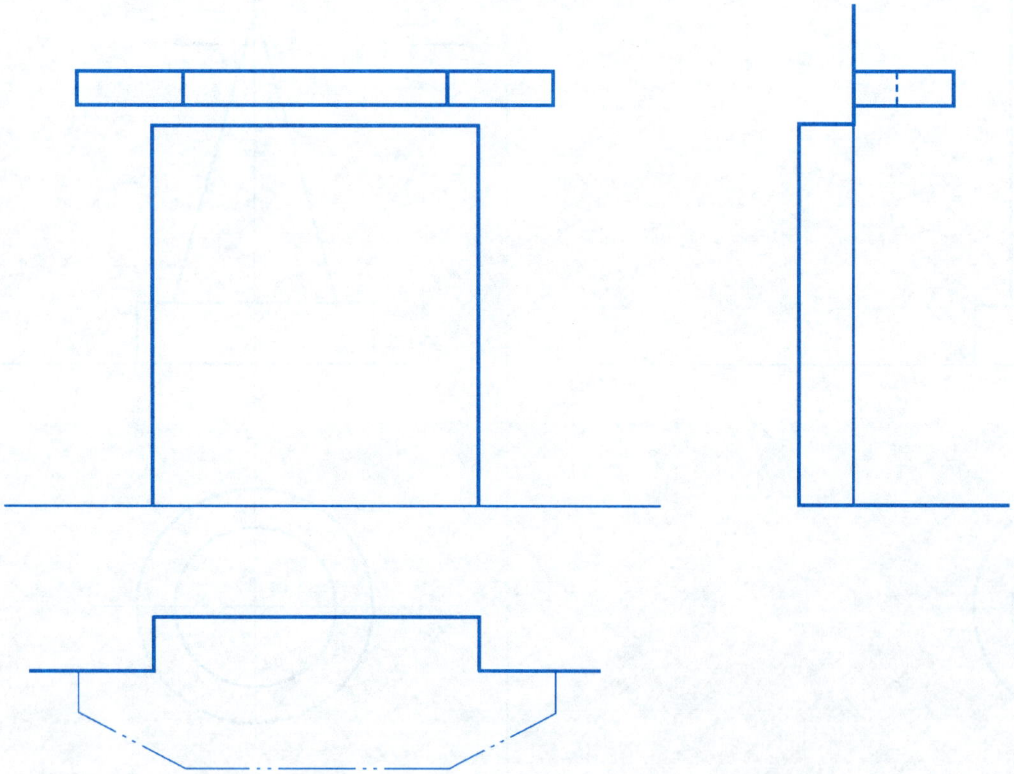

2. 作出窗洞及窗台的立面阴影。

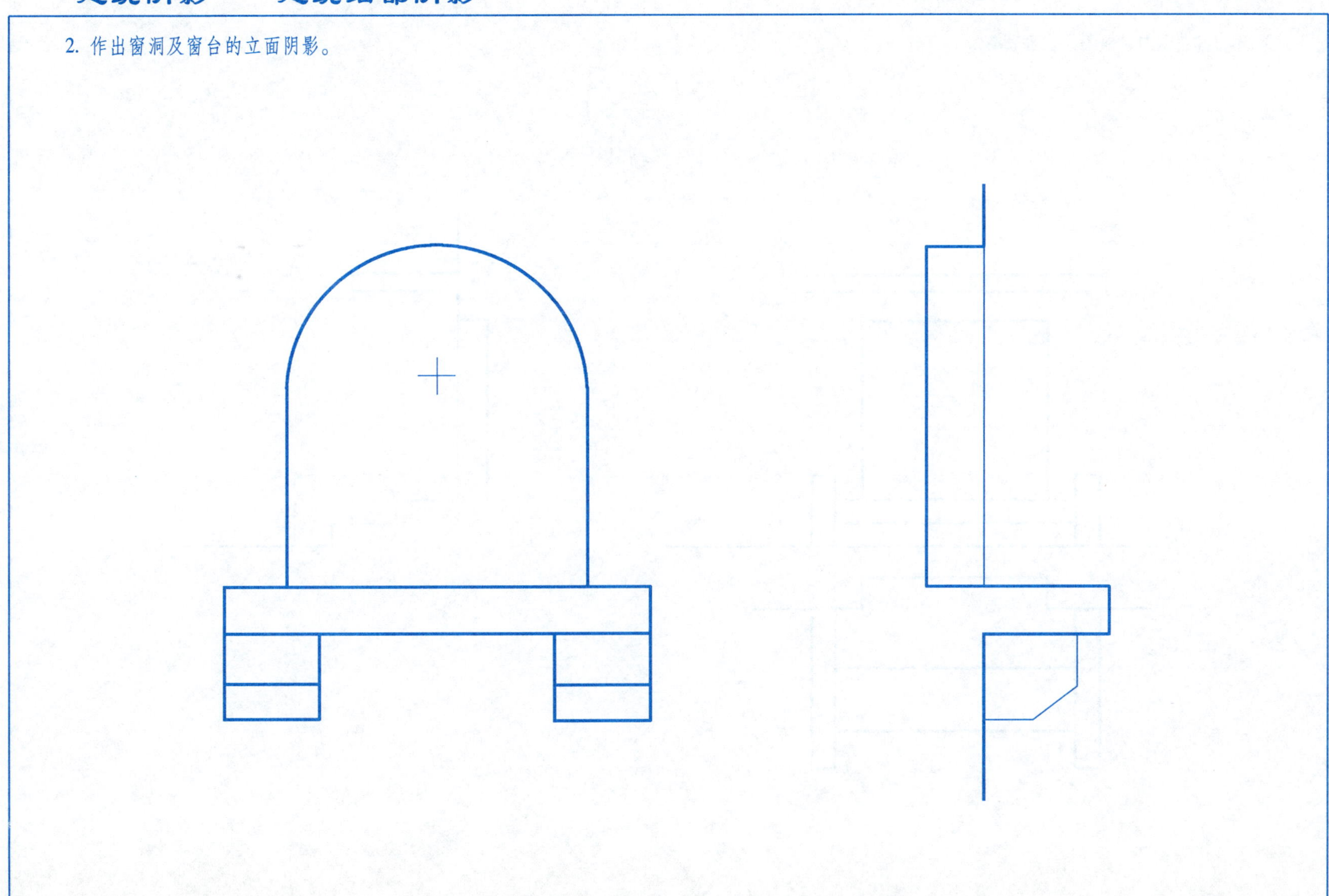

3. 作出建筑入口的平面、立面阴影。

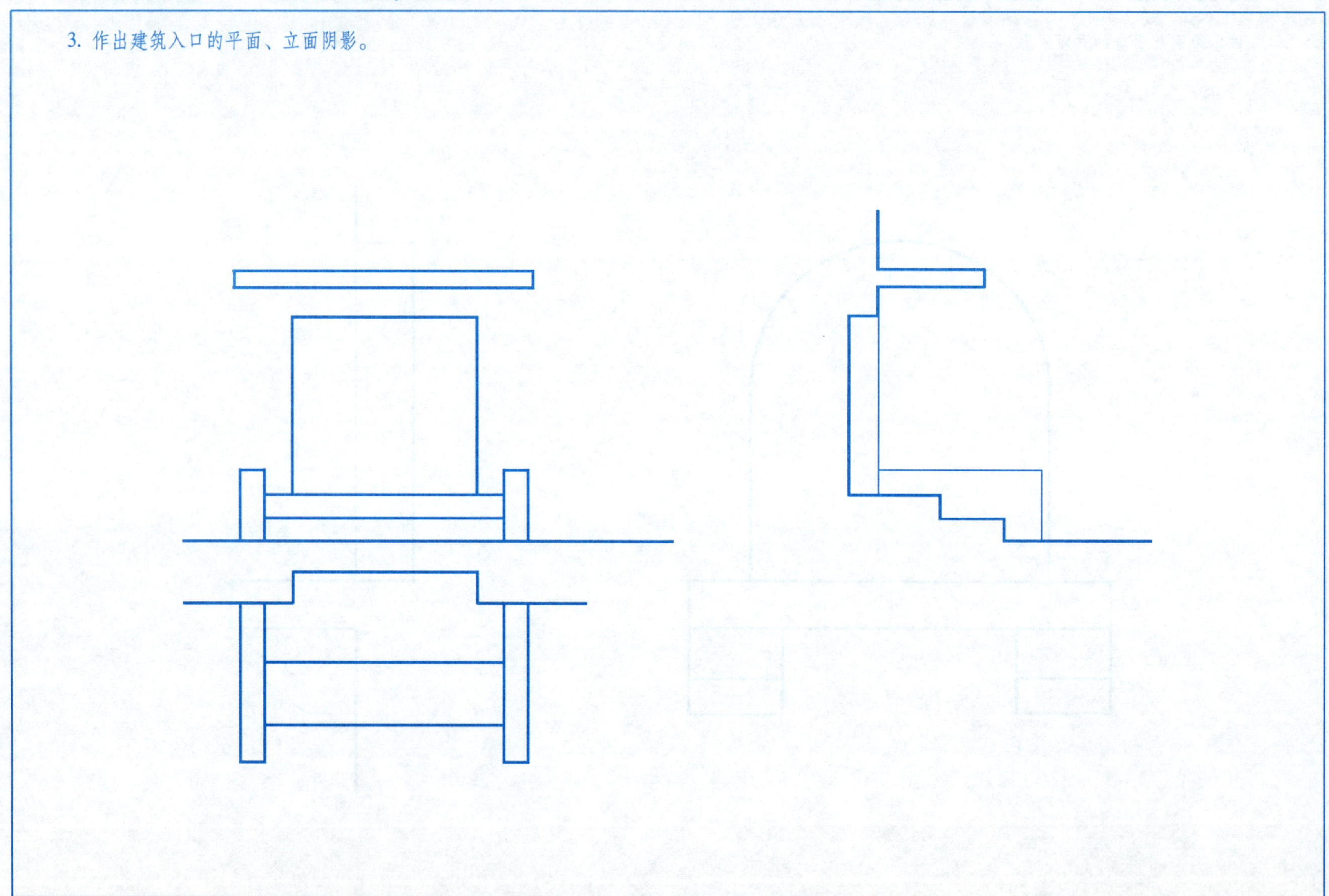

4. 作出房屋的平面、立面阴影。

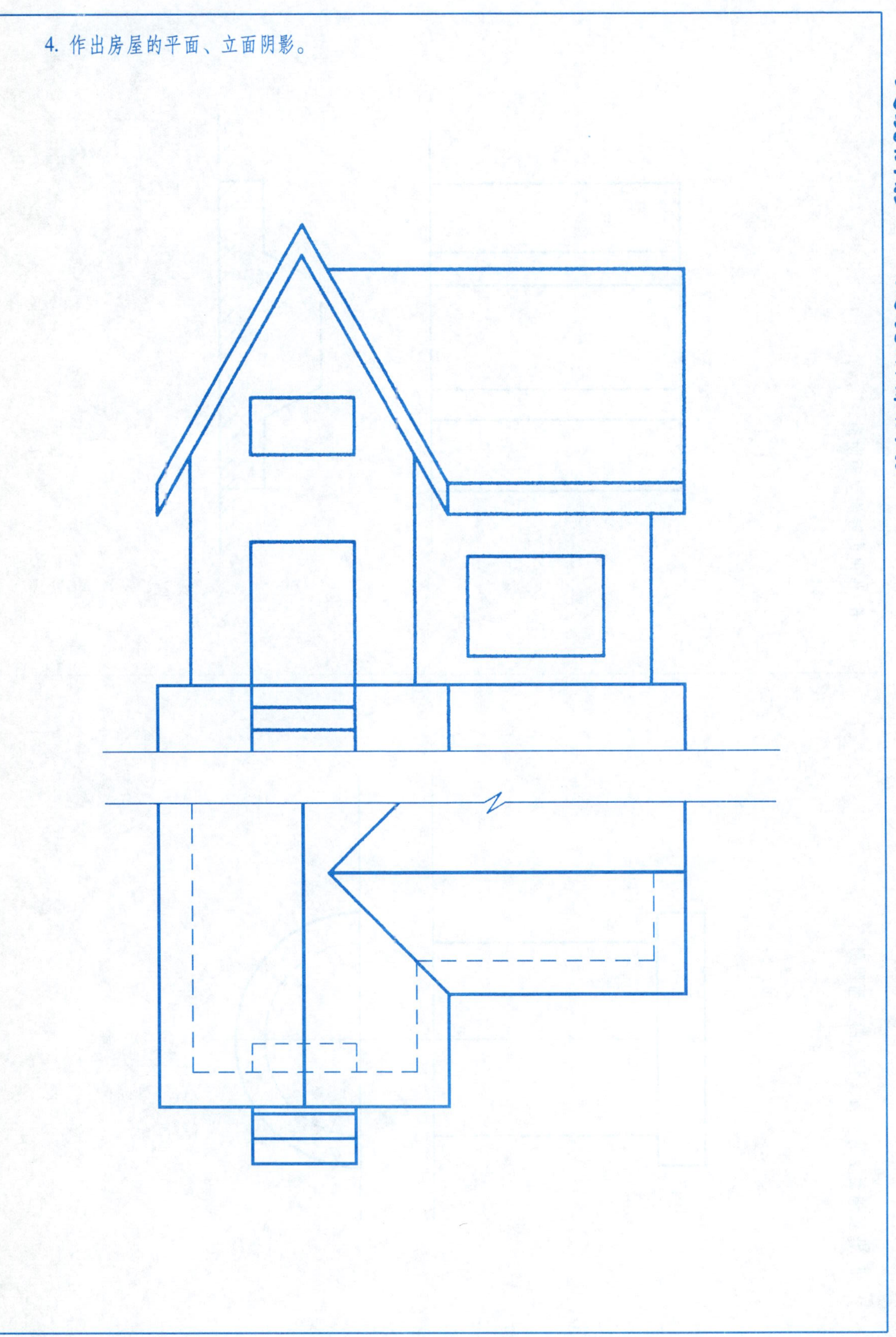

5. 作正墙面上的柱帽、柱头的立面阴影。

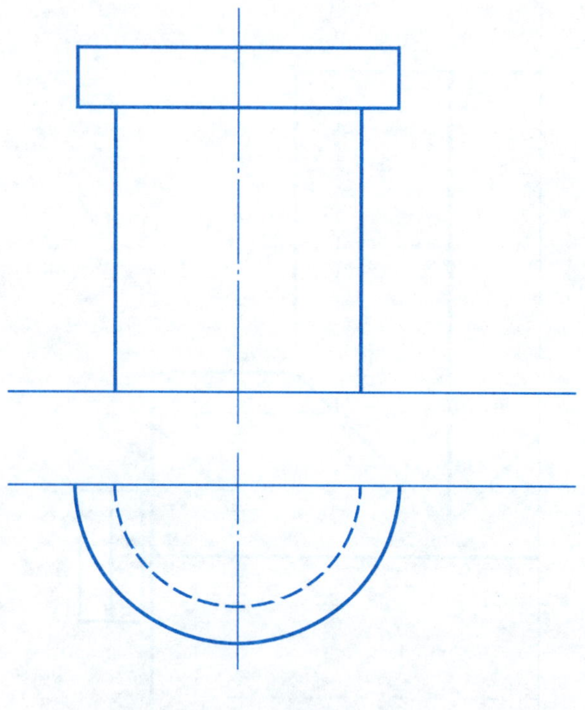

6. 作出内壁的立面阴影。

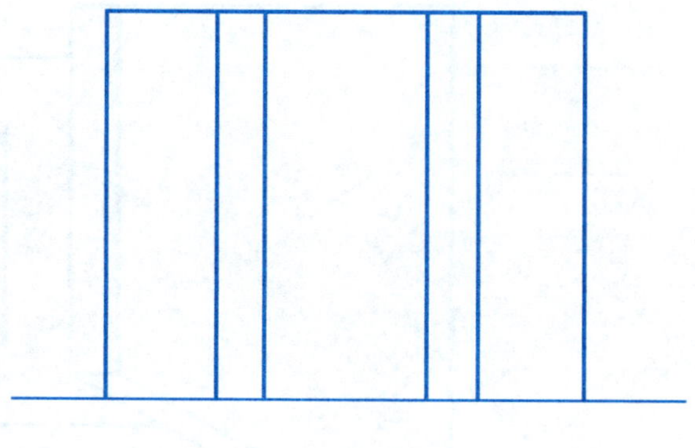

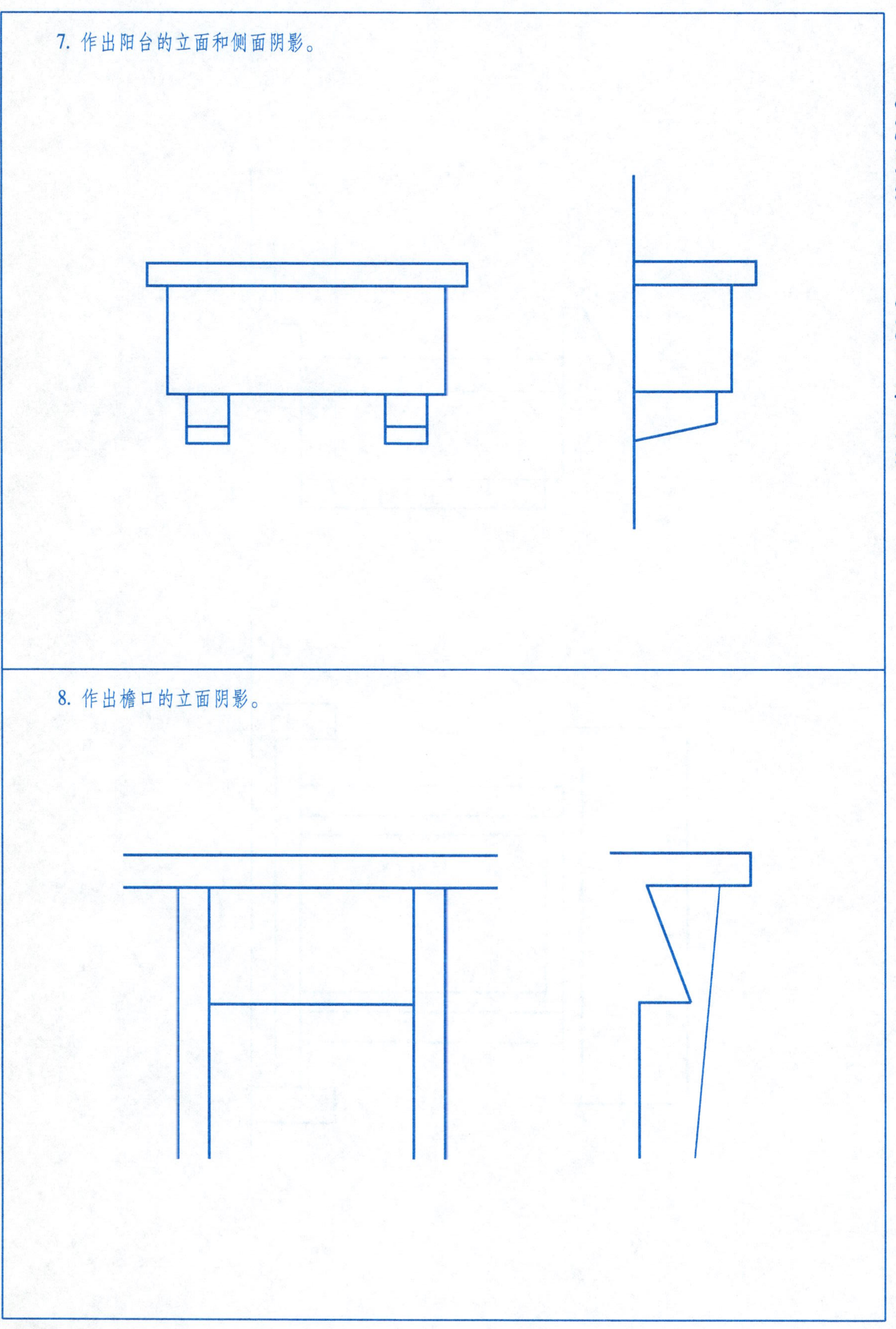
7. 作出阳台的立面和侧面阴影。
8. 作出檐口的立面阴影。

9. 作出建筑入口的立面阴影。

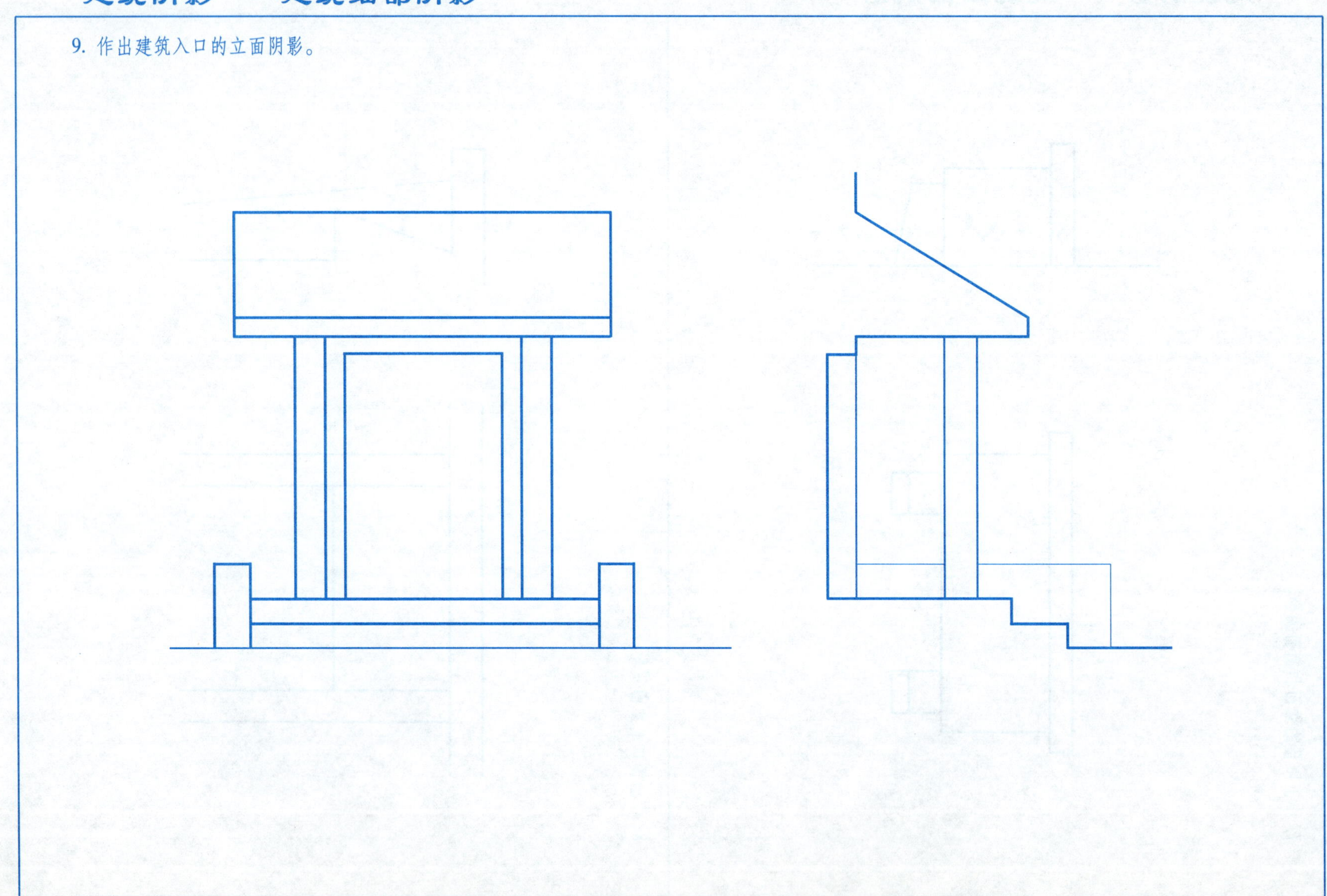

10. 作出建筑的平、立面阴影。

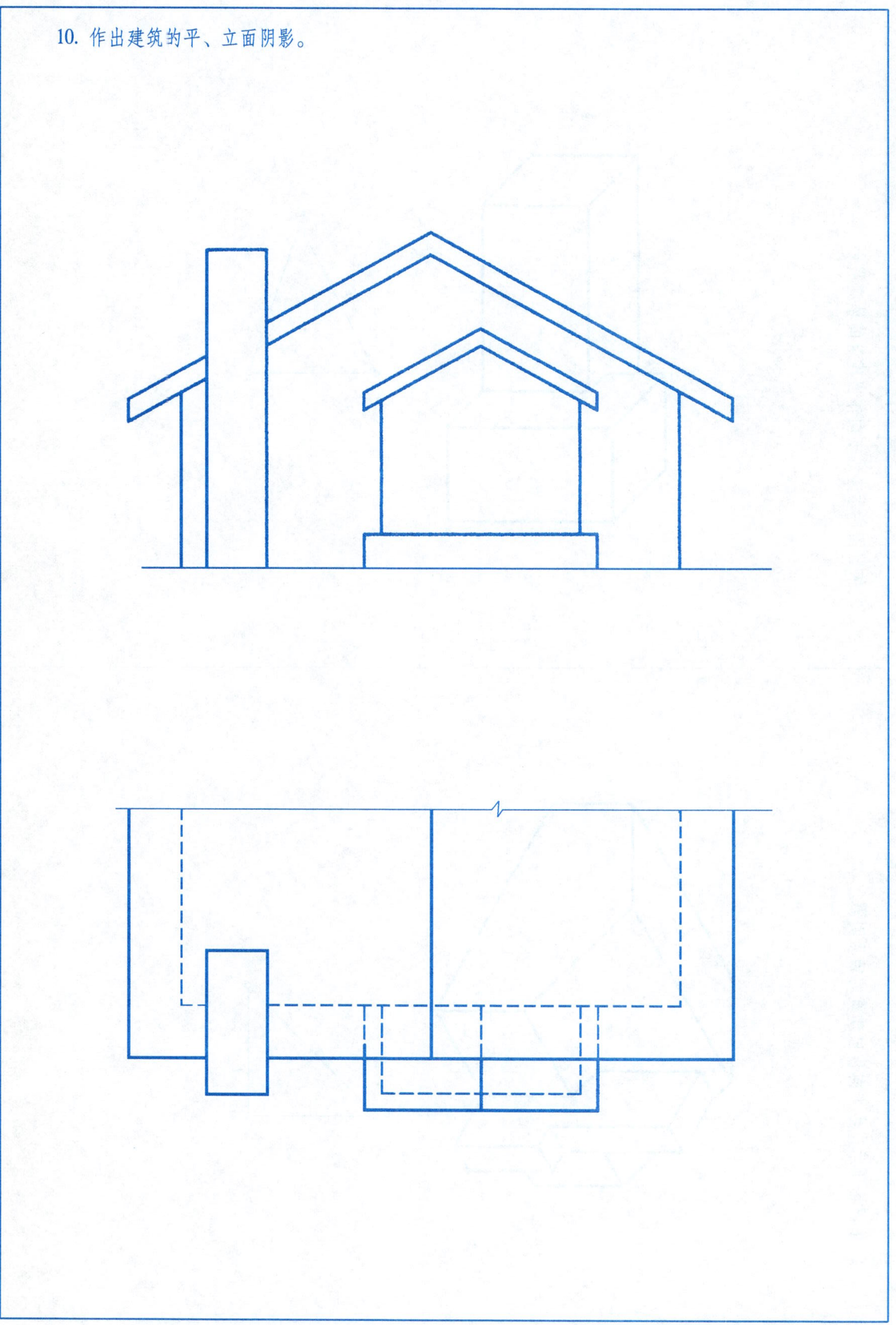

1. 依照图所示光线方向作出建筑的轴测阴影。

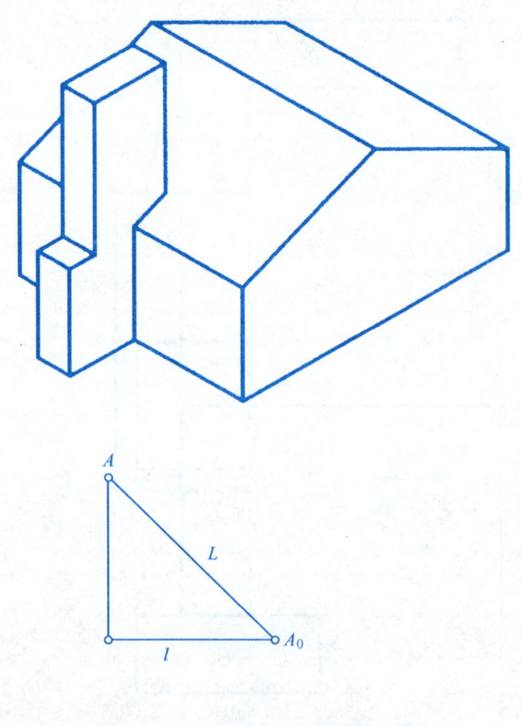

2. 依照图所示光线方向作出建筑的轴测阴影。

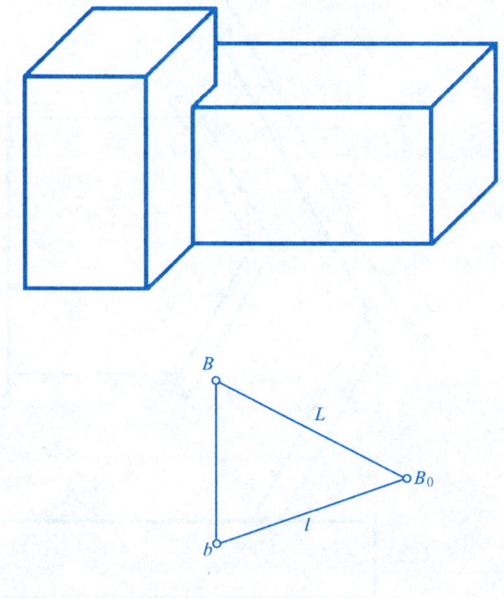